Kerstin Gothe · Michaela Pfadenhauer

My Campus – Räume für die „Wissensgesellschaft"?

Erlebniswelten
Band 18

Herausgegeben von

Winfried Gebhardt
Ronald Hitzler
Franz Liebl

Zur programmatischen Idee der Reihe

In allen Gesellschaften (zu allen Zeit und allerorten) werden irgendwelche kulturellen Rahmenbedingungen des Erlebens vorproduziert und vororganisiert, die den Menschen außergewöhnliche Erlebnisse bzw. außeralltägliche Erlebnisqualitäten in Aussicht stellen: ritualisierte Erlebnisprogramme in bedeutungsträchtigen Erlebnisräumen zu sinngeladenen Erlebniszeiten für symbolische Erlebnisgemeinschaften. Der Eintritt in dergestalt zugleich ‚besonderte' und sozial approbierte Erlebniswelten soll die Relevanzstrukturen der alltäglichen Wirklichkeit – zumindest partiell und in der Regel vorübergehend – aufheben, zur mentalen (Neu-)Orientierung und sozialen (Selbst-)Verortung veranlassen und dergestalt typischerweise mittelbar dazu beitragen, gesellschaftliche Vollzugs- und Verkehrsformen zu erproben oder zu bestätigen.

Erlebniswelten können also sowohl der ‚Zerstreuung' dienen als auch ‚Fluchtmöglichkeiten' bereitstellen. Sie können aber auch ‚Visionen' eröffnen. Und sie können ebenso ‚(Um-) Erziehung' bezwecken. Ihre empirischen Erscheinungsweisen und Ausdrucksformen sind dementsprechend vielfältig: Sie reichen von ‚unterhaltsamen' Medienformaten über Shopping Malls und Erlebnisparks bis zu Extremsport- und Abenteuerreise-Angeboten, von alternativen und exklusiven Lebensformen wie Kloster- und Geheimgesellschaften über Science Centers, Schützenclubs, Gesangsvereine, Jugendszenen und Hoch-, Avantgarde- und Trivialkultur-Ereignisse bis hin zu ‚Zwangserlebniswelten' wie Gefängnisse, Pflegeheime und psychiatrische Anstalten.

Die Reihe ‚Erlebniswelten' versammelt – sowohl gegenwartsbezogene als auch historische – materiale Studien, die sich der Beschreibung und Analyse solcher ‚herausgehobener' sozialer Konstruktionen widmen.

Winfried Gebhardt (gebhardt@uni-koblenz.de)
Ronald Hitzler (ronald@hitzler-soziologie.de)
Franz Liebl (FranzL@udk-berlin.de)

Kerstin Gothe
Michaela Pfadenhauer

Unter Mitarbeit von
Daniela Eichholz und Alexa Maria Kunz

My Campus –
Räume für die
„Wissensgesellschaft"?

Raumnutzungsmuster
von Studierenden

VS VERLAG

Bibliografische Information der Deutschen Nationalbibliothek
Die Deutsche Nationalbibliothek verzeichnet diese Publikation in der
Deutschen Nationalbibliografie; detaillierte bibliografische Daten sind im Internet über
<http://dnb.d-nb.de> abrufbar.

1. Auflage 2010

Alle Rechte vorbehalten
© VS Verlag für Sozialwissenschaften | Springer Fachmedien Wiesbaden GmbH 2010

Lektorat: Frank Engelhardt

VS Verlag für Sozialwissenschaften ist eine Marke von Springer Fachmedien.
Springer Fachmedien ist Teil der Fachverlagsgruppe Springer Science+Business Media.
www.vs-verlag.de

Umschlaggestaltung: KünkelLopka Medienentwicklung, Heidelberg
Gedruckt auf säurefreiem und chlorfrei gebleichtem Papier
Printed in Germany

ISBN 978-3-531-16996-5

Inhalt

Abkürzungsverzeichnis

AAA	Akademisches Auslandsamt
AKK	Arbeitskreis Kommunikation und Kultur (Verein und gleich-namiges Café)
AVG	Allgemeines Verfügungsgebäude
BAföG	Bundesausbildungsförderungsgesetz
Bib	Bibliothek
ENSA	École Nationale Supérieure d'Architecture in Nantes
ETH	Eidgenössische Technische Hochschule in Zürich
FuE	Forschungs- und Entwicklungspolitik
FZK	Forschungszentrum Karlsruhe
HaDiKo	Hans-Dickmann-Kolleg (Studentenwohnheim)
HIS	Hochschul-Informations-System
HiWi	Studentische/wissenschaftliche Hilfskraft
IIT	Illinois Institute of Technology in Chicago
KIT	Karlsruher Institut für Technologie
KSC	Karlsruher Sport-Club
KVV	Karlsruher Verkehrsverbund
ÖPNV	Öffentlicher Personennahverkehr
PKM	Presse, Kommunikation und Marketing
RWTH	Rheinisch-Westfälische Technische Hochschule in Aachen
SZS	Studienzentrum für Sehgeschädigte
TH	Technische Hochschule
UstA	Unabhängiger Studierendenausschuss

Vorwort

Hochschulen sehen sich heute zunehmend mit Veränderungen konfrontiert, die nicht selten mit dem Verweis auf die ‚Wissensgesellschaft' begründet und gerechtfertigt werden: der Bologna-Prozess, die von der Bundesregierung lancierte Exzellenz-Initiative und die Daueraufforderung zur Verbesserung der Lehre seien hier nur als besonders medienträchtige Beispiele genannt. Auch die Universität Karlsruhe (TH) nimmt sich hier nicht aus und ist in diesem Zuge mit dem seit 1.10.2009 rechtskräftigen Zusammenschluss von Universität und Forschungszentrum Karlsruhe zum Karlsruher Institut für Technologie (KIT) vor die zusätzliche Herausforderung gestellt, zwei in vielerlei Hinsicht – z.B. Aufbau, Zweck, Kultur der Organisation – unterschiedlich strukturierte Einrichtungen unter einem Dach zu vereinen.

Derlei nationale und zunehmend auch transnationale Prozesse ebenso wie Entwicklungen auf der Ebene der Organisation bilden nicht nur den – weiteren und engeren – Rahmen für das Studium heute. Selten thematisiert, schlagen sie sich auch räumlich nieder: in der baulichen Gestaltung ebenso wie in der Wahrnehmung des Raums, in dem sich Studieren, jedenfalls aus universitärer Perspektive, vor allem abspielt – dem Campus. Doch wie wichtig ist der Campus für Studierende? Wie wird er von ihnen unter derzeitigen Bedingungen gelebt und erlebt? Mit welchen Bedürfnissen, Wünschen und Erwartungen treten sie an diesen spezifischen ‚Lernort' heran? Und was ist der Campus noch – außer einem ‚Lernort'?

Dies für das konkrete Beispiel Campus Karlsruhe herauszufinden, war das Anliegen einer gemeinsam von Stadtplanerinnen und Soziologinnen durchgeführten Low-Budget-Studie, in deren Rahmen die zeitliche und räumliche Nutzung des Campus durch die Studierenden im Hinblick auf die Potenziale und Defizite der räumlichen Gegebenheiten exploriert wurde.[1] Explorativ erweist sich die Studie auch dadurch, dass dabei mit dem Einsatz so genannter ‚Logbücher' ein

---

1 Die vorliegende Untersuchung nimmt ausnahmslos die Perspektive der Studierenden in den Blick. Selbstverständlich dürften sich für andere Gruppen (u.a. wissenschaftliches Personal, Verwaltungspersonal) – zumindest in Teilen – divergierende Sichtweisen, Nutzungsmuster und Bedürfnisse ergeben, die in diesem Rahmen nicht erhoben werden konnten. Diesem Umstand müsste jedoch Rechnung getragen werden, um eine umfassende Sicht auf die Erfordernisse der auf dem Campus Tätigen zu erhalten.

in der empirischen Sozialforschung (noch?) relativ selten genutztes, auf die möglichst detaillierte Erhebung von Tages(- und Wochen)abläufen zielendes Instrument, eingesetzt wurde. Für die Praxis vorbereitender Untersuchungen, die in der Sanierungsplanung bereits seit den 1970er Jahren ein wichtiges Kooperationsfeld von Soziologen[2] und Stadtplanern darstellt, wird mit dem Logbuch ein neuartiges Instrument vorgestellt, durch das sich nicht zuletzt auch praktische Planungsvorschläge in großer Breite und Tiefe ableiten lassen.[3]

Die hierbei nur angerissene Problemstellung wird am Lehrstuhl für Soziologie (unter besonderer Berücksichtigung des Kompetenzerwerbs) in einem Lehrforschungsprojekt zu ‚Studierkulturen' weiter verfolgt, in dem mit verschiedenen Erhebungsverfahren wie sensiblen Interviewtechniken, Netzwerkanalyse und elektronischen Logbüchern (PDAs) die Einsichten in die Relevanzen der Studierenden von heute erweitert werden sollen. Die damit gewonnenen Daten ebenso wie die Logbücher sollen schlussendlich dem Archiv für qualitative Daten überlassen werden.

Aus stadtplanerischer Perspektive wurden aus den Erkenntnissen der Studie praktische Empfehlungen erarbeitet, die in diesem Band nur auszugsweise und exemplarisch wiedergegeben werden und die in ausführlicher Form der Universitätsverwaltung sowie dem Amt für Vermögen und Bau des Landes Baden-Württemberg vorgelegt wurden.

Wir danken vielmals allen Beteiligten, die zur Realisierung der Studie beigetragen haben. Neben dem Studentenwerk Karlsruhe sowie dem CareerService der Universität, die maßgeblich die Bereitstellung von Incentives gesichert haben, gilt ein besonderer Dank dem Photoindustrieverband e.V., der die Untersuchung finanziell unterstützt hat, sowie der Firma Fuji für ihre Spende der für die Erhebung nötigen Einwegkameras.

Ebenso herzlich danken wir den Herausgebern der Reihe ‚Erlebniswelten' Ronald Hitzler, Winfried Gebhardt und Franz Liebl für die Möglichkeit, die Ergebnisse der Untersuchung relativ zeitnah in ihrer Vorläufigkeit, sowie dem Lektor für Sozialwissenschaften des VS, Herrn Engelhardt, für sein Entgegenkommen, auch einige visuelle Erträge publizieren zu können.

---

2   Aus Gründen der besseren Lesbarkeit werden hier in aller Regel geschlechtsbezogene Begriffe in ihrer männlichen Form verwendet; dies impliziert selbstverständlich keinerlei Wertung und umfasst – sofern nicht speziell ausgewiesen – auch die weibliche Form.

3   Die vorliegende Publikation erreicht allerdings nur bedingt die Anschaulichkeit, mit der die Logbucheinträge typische Nutzungsweisen des Campus Karlsruhe vermitteln.

1 Der Campus in der ‚Wissensgesellschaft‘

1.1 Hintergründe und Zielsetzung der Studie

Seit geraumer Zeit ist die deutsche Hochschullandschaft von weitreichenden inhaltlichen wie formalen Umwandlungen betroffen: Diplom und Magister verabschieden sich allerorten zugunsten der Bachelor/Master-Studiengänge. Neue Inhalte wie der Erwerb der aus der Bildungsdebatte nicht mehr wegzudenkenden ‚Schlüsselqualifikationen‘ gehen in die Studienordnungen ein. Die Einführung der Studiengebühren leistet ihren Beitrag hin zu einer stärker als Service-Einrichtung gedachten Universität und auch die Exzellenz-Initiative erweitert den Hochschulwettbewerb um eine zusätzliche Dimension. Die Universitäten stehen dementsprechend unter erheblichem Veränderungsdruck.

Derlei insbesondere in der Debatte um die Wissensgesellschaft formulierten Wandlungsimpulse ebenso wie konkrete Veränderungsmaßnahmen beinhalten nicht zuletzt auch zahlreiche Implikationen für den Campus, wo sie gleichsam ‚verortet‘ werden. Zumindest der Campus[4] der Universität Karlsruhe scheint in seiner baulich-räumlichen Form von den Neuerungen noch weitgehend unbeeindruckt, hat er sich doch in den vergangenen 15 Jahren, abgesehen von einigen wenigen Neubauten, kaum verändert. Dies ist aufgrund der Dauerhaftigkeit und Langlebigkeit von Gebäudestrukturen auch nicht zwingend zu erwarten, wenn auch an einigen Stellen der behauptete Wandel in materialisierter Form sichtbar wird – am prägnantesten sicherlich in der neuen 24-Stunden-Bibliothek (Bib), die lernen und arbeiten rund um die Uhr ermöglicht. Wenn das Wechselspiel zwischen gelebtem und gebautem Raum nicht von der Hand zu weisen ist: Tragen Universitäten tatsächlich den als ‚wissensgesellschaftlich‘ gelabelten Anforderungen Rechnung? Finden sie eine angemessene Form für das, was Universitäten heute leisten müssen?

---

4   Mit dem am 1.10.2009 rechtskräftig vollzogenen Zusammenschluss der Universität Karlsruhe (TH) und dem Forschungszentrum Karlsruhe (FZK) zum Karlsruher Institut für Technologie (KIT) wird das Campusgelände der Universität zum so genannten ‚Campus Süd‘ und das Gelände des FZK zum ‚Campus Nord‘. Da zum Zeitpunkt der Erhebung diese Formulierungen noch keinen breiten Eingang in den Sprachgebrauch der Studierenden gefunden hatten, wurde in der Studie überwiegend mit dem bis dato verwendeten Campusbegriff gearbeitet. Daher werden im Folgenden die Begriffe Campus Uni Karlsruhe und Campus Süd synonym verwendet.

Diese Fragen bilden den weiten Rahmen für eine explorative Studie zur räumlich-zeitlichen Nutzung des Campus Karlsruhe durch die Studierenden der Universität Karlsruhe, wobei folgende Aspekte fokussiert wurden:

- Wie gestaltet sich die baulich-räumliche Konstellation des Campus Karlsruhe?
- Wie nehmen Studierende diese Konstellation wahr?
- Wie gestaltet sich der individuelle Umgang mit der vorfindbaren baulich-räumlichen Situation?
- Inwiefern ist der Campus Karlsruhe ein ‚Lernort'?
- Was ist der Campus Karlsruhe außer einem ‚Lernort'?
- Lassen sich für bestimmte Gruppen von Studierenden bestimmte Bedürfnisse feststellen?
- Welche unterschiedlichen Typen der Campusnutzung finden sich?
- Welche Potenziale und Defizite konkreter Orte werden artikuliert?
- Welche Wünsche tragen die Studierenden an einen idealen Campus Karlsruhe heran?
- Welche Empfehlungen lassen sich aus der Zusammenschau der Ergebnisse ableiten?

Um diese Fragen angemessen beantworten zu können, werden in Kapitel 1 die Grundlagen von *Raumwahrnehmung und Raumkonstruktion* sowie der Begriff der *Wissensgesellschaft* kurz skizziert. In Kapitel 2 wird das konkrete Beispiel – die *baulich-räumliche Situation* des Campus Karlsruhe sowie die Zusammensetzung der *Studierenden* der Universität Karlsruhe – dar- und das *methodisch-empirische* Vorgehen vorgestellt. In Kapitel 3 werden zunächst spezifische Bedürfnisse spezieller *Gruppen* von Studierenden herausgearbeitet, bevor unterschiedliche *Typen* der Campusnutzung sowie *Grundorientierungen* der Studiengestaltung präsentiert werden. Eine typenübergreifende, kollektive *Campuswahrnehmung* wird in Kapitel 4 dargestellt. In Kapitel 5 erfolgt dann, ausgehend von unterschiedlichen Nutzungstypen und Wünschen der Studierenden, ein *fiktiver Spaziergang* im Jahr 2018 über einen *idealen Campus*; ergänzend dazu werden *exemplarisch Maßnahmen* aus der *nationalen und internationalen Hochschulplanung* vorgestellt, die Bezug auf die von den Studienteilnehmern artikulierten Bedürfnisse nehmen. In Kapitel 6 werden schließlich die *Potenziale und Defizite* des Campus – und allgemeiner: die Frage nach der Universität auf dem Weg in die Wissensgesellschaft – abschließend reflektiert.

Um die nun skizzierten Fragen im Einzelnen beantworten zu können, soll der Blick zunächst auf zwei sehr grundlegende Aspekte gelenkt werden: 1. den Raumbegriff an sich und die damit verbundene Frage nach dem Verhältnis von physischem und sozialem Raum[5] sowie 2. den Begriff der ‚Wissensgesellschaft‘, der als Folie für viele der beschriebenen Veränderungen dient. Nur vor diesem Hintergrund lassen sich die später dargestellten Ergebnisse erschließen.

1.2 Das Raumverständnis bei My Campus

Unumstößlich ist bei der Beschäftigung mit dem Raumbegriff die Tatsache, dass Menschen allgegenwärtig und selbstverständlich von Raum umgeben sind und diesen meist, oder zumindest vermeintlich, als etwas Gegebenes hinnehmen: *„In welcher kulturellen Nische auch immer ein Individuum sein Leben führt, immer lebt es in den Formen des Räumlichen“* (Hasse 2007: 17). Wir ‚verorten‘ uns im geographischen Raum, wofür der ‚Wohnort‘ nur ein Exempel unter vielen darstellt. Wir ‚sind‘ selbst als ‚Körper‘ Raum und nehmen dadurch Raum ein. Wir erfahren Raum haptisch, visuell, akustisch, olfaktorisch oder emotional. Wir fühlen uns an Orten und in Räumen mehr oder weniger wohl, erfassen Raum kognitiv und denken sogar in räumlichen Metaphern, z.B. wenn wir ‚Nähe‘ oder ‚Distanz‘ zu anderen Menschen empfinden und (gegebenenfalls) sprachlich oder körperlich zum Ausdruck bringen, indem wir ‚von etwas oder jemandem Abstand nehmen‘. Wir orientieren unser Handeln an räumlichen Bezügen, die wir im Kleinen – z.B. indem wir einen bestimmten Platz im Raum einnehmen – wie im Großen – z.B. durch architektonische Eingriffe – gleichzeitig auch selbst herstellen. Menschliche Körper bilden also Räume, markieren Räume, tragen Räume mit sich herum, verändern und verschieben Räume und vermitteln damit Raumbedeutungen (vgl. Eichholz 2008b). Ob gezielt oder nicht: Stets sind menschliche Handlungen ‚verortet‘ und wir selbst schaffen Orte, Räume und Atmosphären durch unsere Handlungen. Auf diese Weise sind physische Räume immer auch Sozialräume. Dabei ist Raum nicht gleich Raum: Ein Hörsaal wird anders gestaltet als eine Privatwohnung, ein Labor anders als ein ‚Raum der Stille‘. Nur unter der Voraussetzung, dass Menschen in entsprechende kulturelle Raumnutzungsgepflogenheiten einsozialisiert sind – nach dem Motto ‚ein Labor ist ein Labor und kein Schlafplatz‘ – verfügen sie über Fähigkeiten und Wissen, solche sinngeladenen Räume zu dechiffrieren und in Bezug auf ihre je spezifischen Bedeutungsgehalte zu handeln (vgl. Willems/Eichholz 2008). Das bedeutet jedoch nicht, dass Menschen in Bezug auf

---

5   Grundlegend dazu vgl. Kessl/Reutlinger 2007, Kessl et al. 2005, Löw 2001.

den physisch-materiellen Raum nicht über Freiheitsgrade in der Handlungswahl verfügen würden, die zulassen, dass mit dem Raum verbundene Handlungs- und/ oder Verhaltenserwartungen missachtet oder unterlaufen werden können. Gerade das Bündel an Wissen und Fähigkeiten zur kulturell kompetenten Raumnutzung ermöglicht dem jeweiligen Akteur überhaupt erst, dass physisch-materielle Räume umgedeutet und für ursprünglich nicht unbedingt vorhergesehene Zwecke genutzt werden: die Nutzung eines Cafés als Arbeitsplatz oder das Comiclesen im Hörsaal während einer Vorlesung sind hierfür anschauliche Beispiele.

In der Soziologie[6] hat sich bereits seit geraumer Zeit ein Raumverständnis durchgesetzt, nach dem Räume mehr sind als bloße Kulissenwelten, vor deren Hintergrund sich Handlungen abspielen. Sie sind immer auch das Resultat von Handlungen, so dass ein Raum niemals ‚per se' Raum ist: *„Es gibt keinen Raum an sich, es gibt nur Räume, denen wir mehr oder weniger Bedeutung zuschrei-ben"* (Hamm/Neumann 1996: 54). Selbst das, was landläufig unter ‚Natur' verstan-den wird, existiert in der jeweiligen Form nur deshalb, weil es durch menschliche Handlung so geformt oder belassen wurde. Hamm/Neumann pointieren dies wie folgt: *„Wir bauen Schutthäuser und Produktionsstätten, wir legen Wege und Stra-ßen an, schürfen nach Erz und werfen Schutthalden auf. Jeder Raum trägt mehr oder weniger deutlich sichtbare Spuren kultureller Überformungen; den Raum als bloße ‚Natur' gibt es schon lange nicht mehr"* (ebd.: 54).

In diesem Sinne geht auch die vorliegende Studie stets von einem dualen Raumverständnis aus, das einen konkreten/physischen Raum (gebaute Umwelt und Landschaft) von einem abstrakten/auch sozial verfassten Raum (vorgestell-ter, in Handlungen Gestalt annehmender Raum) unterscheidet. Dabei ‚setzt' der konkrete Raum Rahmenbedingungen in Form von geologischen, ökologischen und baulichen Gegebenheiten, die ihrerseits selber das Resultat vorgängiger An-eignungsprozesse darstellen und die dem Menschen seine Aneignung erschwe-ren, erleichtern oder grundsätzlich zu unterschiedlichen Wahrnehmungen führen. Der sozial verfasste Raum entsteht durch die spezifischen Wahrnehmungen und die Aneignungsformen, welche Menschen in der Interaktion mit dem konkreten Raum und der Interaktion untereinander aushandeln. Der sozial verfasste und der physische Raum sind dabei keineswegs als zwei sich gegenüberstehende, sondern vielmehr als sich vielfach wechselseitig durchdringende Konzepte zu betrachten.

---

6   Ebenso wie in der Sozialgeographie und in Teilen der raumplanerischen Debatte. Einen Überblick zur Theorie des Raumes sowie einen ersten Ausweg aus der sozialwissenschaftlichen ‚Raumver-gessenheit' oder ‚Raumblindheit' bietet Schroer 2006.

Auch in der Studie wird dieses Phänomen teilweise verbal zu fassen versucht[7], so z.b. wenn ein Student reflektiert, dass er einen Hörsaal, den er bisher in seiner gesamten materialen Ausstattung von den Bänken über den Wandbelag bis hin zur Beleuchtung sehr unangenehm empfand, plötzlich positiv sieht, weil er dort selber eine Rede hält: *„Hat Spaß gemacht vor einem vollen Hörsaal zu reden, war eine coole Erfahrung, man sieht den Hörsaal ganz anders"* (37:23)[8]. Die Studierenden ‚laden' bestimmte Räume gewissermaßen positiv oder negativ ‚auf' und empfinden einen Ort auch deshalb als ‚gut' oder ‚schlecht', weil sie ihn mit eben solchen Erfahrungen oder Erinnerungen verbinden.[9] Physische wie abstrakte Räume stellen somit auch Ressourcen zur Identifikation bereit und die ‚Selbstverortung' in ihnen ist als ein wesentlicher Bestandteil der Identitätskonstruktionen von Menschen zu sehen.[10] Den Überlegungen in der Tradition von Alfred Schütz folgend, schließt diese individuelle Raumkonstruktion jedoch keinesfalls die intersubjektiv geteilte Wahrnehmung von Räumen aus, die zu einer Art ‚common sense' und damit zu ähnlichen Bewertungen von Räumen jenseits individueller Aufladungen führt. *„Im Laufe seines Lebens hat er zwar vieles persönlich erlebt und Erfahrungen gesammelt, sein Wissen ist jedoch sozial abgeleitet"* (Eberle 2000: 30). Den Raum konstatiert Schütz als eine Welt ‚aktueller' und ‚potentieller' Reichweite (vgl. Schütz/Luckmann 2003: 71ff.) – und auch wenn diese Welt nicht zu jeder Zeit und von jedem Menschen gleich empfunden wird, so basiert sie dennoch auf weitestgehenden Überschneidungen der Raumwahrnehmung (vgl. ebd.: 75). In der Studie finden sich eben solche Überschneidungen in den Raumbewertungen, die jenseits von Gruppen- und Typenmerkmalen von den Studienteilnehmern abgegeben wurden.[11]

Wie bereits angedeutet ist dabei dem konkreten wie dem abstrakten Raum ein konstruktives Moment gemeinsam, denn *„was nicht im Kopf als Möglichkeit vorweggenommen wird, kann nicht entstehen. Konkrete Räume sind Ergebnis zuvor*

---

7   Vgl. dazu auch die Ausführungen in Kapitel 4.2 ‚Studentische Wahrnehmung und Bewertung des Campus'.

8   Die Zitierweise der Logbücher ergibt sich aus der Codenummer des jeweiligen Logbuchs (vor dem Kolon) und der Seitenzahl des Logbuchs, auf dem sich das verwendete Text- oder Bildmaterial befindet (nach dem Kolon); z.B. entspricht die Zitation 37:23 dem Logbuch Nr. 37, Seite 23.

9   Die individuelle Raumkonstruktion wird auch einsichtig am Beispiel des ‚erweiterten Campus' (siehe Kapitel 4.1.1) – in der Syntheseleistung erzeugen Studierende jeweils ihre eigene Vorstellung vom Campusraum: Zentrum und Grenzen dieser individuellen Campi unterliegen der subjektiven Wahrnehmung und können sich im Vergleich der Vorstellungen mehrerer Teilnehmer an dieser Studie deutlich voneinander unterscheiden.

10   Zur raumbezogenen Identitätskonstruktion vgl. Weichhart 1990; empirische Befunde, v.a. hinsichtlich kollektiver raumbezogener Identitäten liefern Klein/Kunz 2008.

11   Diese werden in Kapitel 4 ‚Our Campus Karlsruhe' dargestellt.

gedachter Räume, gedachter Möglichkeiten" (Zibell 2003: 21). Verbunden mit dem Gedanken des sozial abgeleiteten Wissens bedeutet dies, dass sämtliche Räume auch als sozial konstruierte Räume zu verstehen sind. In den letzten Jahren ist ein solches ‚ganzheitlicheres' Raumverständnis vor allem von der Soziologin Martina Löw weiterentwickelt worden. Löw (2001: 271) definiert Raum als *„ eine relationale (An)Ordnung von Lebewesen und (sozialen) Gütern an Orten. Raum wird konstituiert durch zwei (analytisch) zu unterscheidende Prozesse: Das Spacing und die Syntheseleistung".* Unter ‚Spacing' versteht sie das Platzieren und Positionieren von Menschen, Gütern und symbolischen Markierungen, um derartige ‚Ensembles' als spezifische Räume kenntlich zu machen. Mit ‚Syntheseleistung' bezeichnet sie demgegenüber Wahrnehmungs-, Vorstellungs- oder Erinnerungs-Prozesse, in denen Menschen und Güter zu Räumen (bzw. Raumvorstellungen) zusammengefasst werden. Insbesondere in der analytischen Dimension der Syntheseleistung liegt ein entscheidender sensibilisierender Hinweis für die vorliegende Studie: Hiermit ist nämlich ebenso auf die individuelle wie auf die subjektive Dimension des Verhältnisses zwischen Mensch und Raum verwiesen.

In diesem Sinne fragt die vorliegende Studie nicht nur nach der Art der Gebäudenutzung und ihrer Dauer, nach Lage von Wegstrecken und den Verkehrsmitteln, mit denen sie zurückgelegt werden, sondern sie rückt auch die subjektive und soziale Dimension des Verhältnisses zwischen Mensch und Raum in den Fokus.

Da bei dieser Fragestellung eine standardisierte Bewertungsabfrage von Orten auf dem Campus zu kurz greifen und auch die ausschließliche Fokussierung auf entweder physische oder soziale Räume das Erkenntnisinteresse verengen würde, wurde eine gleichermaßen explorative wie interdisziplinäre Herangehensweise zwischen Stadtplanern und Soziologen gewählt – mit dem Ziel, die Raumbezüge der Karlsruher Studierenden in den verschiedenen Dimensionen des Räumlichen und in ihrer Vielfältigkeit[12] erfassen zu können. Damit möchte die Studie deutlich über die Diskussion der Forschung zu Universitätsbauprogrammen der 1960er und 70er Jahre hinausgehen, die – entsprechend den Notwendigkeiten der damaligen Zeit – im Wesentlichen quantitative Angaben zu den erforderlichen Gebäuden

---

12   Vielfältigkeit meint in diesem Zusammenhang, dass im studentischen Alltag (allen strukturellen Vorgaben zum Trotz) diverse individuelle Gestaltungsoptionen des Studienalltags bzw. seiner räumlichen Organisation bestehen. Um nur einige offenkundige Beispiele zu nennen: Stundenpläne können eingehalten oder flexibel gehandhabt werden. Klausurvorbereitungen können in die Bibliothek oder andere Universitätsräumlichkeiten, in Cafés, nach Hause und in öffentliche Grünflächen verlegt sowie allein oder gemeinsam bestritten werden. Studentische Hilfskräfte können ihren Arbeitsplatz für Belange des eigenen Studiums nutzen oder eben nicht. Nicht zuletzt eröffnet auch die moderne Kommunikationstechnologie ein relativ ‚ortsungebundenes' Studium – beispielsweise indem Vorlesungen online abgerufen oder Seminaraufgaben in Internetforen und Chatrooms gemeinsam bearbeitet werden.

machte. Neben Erkenntnissen über die Raumkonstruktion der Studierenden sollen also auch konkrete Hinweise für wünschenswerte Änderungen aus deren Perspektive formuliert werden, die Bestandteil einer Masterplanung sein könnten. Darüber hinaus soll mit der vorliegenden Untersuchung ein Beitrag zu der in Forschung und Planung mittlerweile zwar vereinzelt gestellten, bislang jedoch kaum systematisch behandelten Frage nach Wahrnehmung und Nutzung des Campusraumes, nach diversifizierten studentischen Bedürfnissen und Erwartungen gestellt werden.

1.3 Der Begriff der ‚Wissensgesellschaft'

Ohne selber das Label der ‚Wissensgesellschaft' als adäquate Rahmensetzung zur Beschreibung der aktuellen gesellschaftlichen Verhältnisse erheben zu wollen, scheint der Begriff zumindest eine nicht von der Hand zu weisende zeitdiagnostische Relevanz zu enthalten. Es kann wohl kaum geleugnet werden, dass die Debatte um die Wissensgesellschaft – aus welchen Gründen auch immer – auf fruchtbaren Boden gefallen ist und mittlerweile sowohl in unterschiedlichen fachdisziplinären Diskursen – der Bildungswissenschaft ebenso wie der Stadtplanung[13] – wie im gesamtgesellschaftlichen Diskurs[14] hoch präsent ist. Insbesondere in der (Bildungs-) Politik avancierte die Wissensgesellschaft zu einem prominenten Schlagwort sowie zum Leitbild europäischer Forschungs- und Entwicklungspolitik (FuE) und *„spätestens mit dem Lissaboner Gipfel der Europäischen Union im Jahr 2000, auf dem die Entwicklung der EU zum »wettbewerbsfähigsten und dynamischsten wissensbasierten Wirtschaftsraum der Welt« beschlossen wurde, hat der Begriff der Wissensgesellschaft seinen festen Platz in Festreden, in Forschungsprogrammen und in bildungspolitischen Leitlinien erobert"* (Heidenreich 2003: 25). Schon in den Jahren zuvor wurden – zunächst noch unter dem Etikett der ‚Informationsgesellschaft' – Programme zur Förderung einer Wissensgesellschaft implementiert.[15] Schließlich ist mit den in Lissabon gefassten EU-Beschlüssen signalisiert worden, dass auf nationaler Ebene verbindlich in den Ausbau der Wissensgesellschaft investiert werden solle. Was aber kennzeichnet diese so genannte Wissensgesellschaft?

---

13   Kaum ein Thema wird derzeit nicht vor einem ‚wissensgesellschaftlichen Hintergrund' diskutiert. Exemplarisch seien hier nur die „Bildung im Horizont der Wissensgesellschaft" (Müller/ Stravoravdis 2007) und die „Stadtplanung in der Wissensgesellschaft" (Streich 2005) genannt.

14   Vgl. etwa die Untersuchung von Resch/Steinert (2006), die den Befund formulieren, dass der Begriff bei den von ihnen befragten Personen gemeinhin bekannt ist. Die Allgegenwärtigkeit des Begriffs ‚Wissensgesellschaft' lässt sich auch anhand von Suchanfragen in Internetsuchmaschinen belegen, mit denen längst nicht nur Treffer aus dem sozialwissenschaftlichen Bereich, sondern unterschiedlichster Provenienz, zutage gefördert werden.

15   Vgl. hierzu die Beispiele in: Knoblauch (2005) und Kübler (2005).

Die in den Ursprungstheorien formulierte Einschätzung, wissenschaftliches Wissen sei die Hauptantriebskraft gesellschaftlicher Weiterentwicklung sowie Quelle allgemeinen Wohlstands und auch die Vorstellung, Universitäten würden zu alleinigen Verwaltern und Lieferanten der wichtigen Ressource ‚Wissen' aufsteigen, wird hingegen in neueren sozialwissenschaftlichen Beiträgen zur Wissensgesellschaft kaum noch vertreten. Vielmehr scheint die Theoriebildung insgesamt sogar in den Hintergrund zu geraten: Stattdessen werden die Konsequenzen einer (politischen und ökonomischen) Orientierung an wissensgesellschaftlichen Leitbildern, die (gesamt-)gesellschaftliche Verbreitung und Verwendung des Begriffs ‚Wissensgesellschaft', die Vervielfältigung der Kontexte von Innovation, Wissensgenerierung und Technologieentwicklung sowie eine zunehmende Verwissenschaftlichung aller Lebensbereiche von sozialwissenschaftlicher Seite aufmerksam beobachtet, stetig analysiert und kritisch kommentiert. Daneben hält die Diskussion darüber an, ob einer Verwendung des Begriffs der Wissensgesellschaft – gemessen an sozialwissenschaftlichen Kriterien – überhaupt Berechtigung zuzusprechen ist (vgl. Eichholz 2008a; Tänzler et al. 2006).

Bei aller Vielfältigkeit sozialwissenschaftlicher Theorien zur Wissensgesellschaft, die unterschiedliche Einschätzungen (oder Verwerfungen) ihres Status quo mit sich bringen,[16] besteht weitestgehend Einigkeit darin, dass sich die so genannten Wissensgesellschaften auszeichnen durch:

- eine Pluralisierung von Wissensproduktionsstätten,

- eine kumulative Erzeugung neuen Wissens,

- die Etablierung wissensbasierter Wirtschaftszweige und – in diesem Zusammenhang – einen erhöhten Bedarf an ‚Wissensarbeitern', deren Arbeitsvermögen anhand ihres Wissens, ihrer Lernfähigkeit und Lernbereitschaft gemessen wird sowie

- eine ökonomische Verwertung von Wissen als Ware.

Während eine derartige Form der Wissensgesellschaft zunächst noch vereinzelt und zaghaft als Zielvorstellung, Vision oder Soll-Zustand thematisiert wurde, hat sich in neuerer Zeit eine unhinterfragte Setzung wissensgesellschaftlicher Rahmenbedingungen als Ist-Zustand etabliert (Eichholz 2008a), die allenfalls aus sozialwissenschaftlicher Perspektive hinterfragt wird – wie beispielsweise von Kühn (2003), der sich dem Thema aus wirtschaftsgeographischer und siedlungssoziologischer Perspektive nähert. Seiner Einschätzung zufolge wird die Debatte um die Wissensgesellschaft geführt, ohne nach der siedlungsräumlichen Verortung des Wis-

---

16   Vgl. dazu den Sammelband von Bittlingmayer/Bauer (2006): Die „Wissensgesellschaft". Mythos, Ideologie oder Realität?

sens zu fragen. Deshalb sucht er nach Indikatoren, die für oder gegen die faktische
Existenz einer Wissensgesellschaft sprechen, indem er die Dichte der FuE-Infra-
struktur Deutschlands analysiert und dabei systematisch zwischen verschiedenen
wissensschöpfungsrelevanten Ansiedlungstypen unterscheidet. Zu den potentiell
wissensgesellschaftlich bedeutsamen Einrichtungen rechnet Kühn (2003: 142ff):

- den Universitäts-Campus,

- den Technologiepark,

- den Wissenschaftspark (als dichte Ansiedlung universitärer und außeruniversitärer Forschungseinrichtungen),

- die Wissenschaftsstadt, verstanden als ‚Technopolis-Konzept' einer Stadt
  für Wissensarbeiter sowie

- die wissensbasierte Stadtlandschaft (z.B. ‚Silicon Valley' als dezentrale Ansiedlung von Forschungseinrichtungen und zugehörigen Wohnungen).[17]

Kühns Typologie verweist damit mehr oder weniger indirekt auf den wichtigen
Aspekt, dass Wissensgesellschaft ‚irgendwo' stattfinden muss, um ‚faktisch' zu
existieren. Ähnlich lassen sich auch Nowotnys (2006) Überlegungen zu einer wissensgesellschaftlich relevanten Form der Öffentlichkeit – der Agora – lesen. In einer als Modus 2-Gesellschaft bezeichneten Form der Wissensgesellschaft werde
die Agora zum öffentlichen Austragungsort der Aushandlung wissenschaftspoli-
tischer Entscheidungen und (möglicher) wissenschaftlicher Entwicklungen. Wissenschaft müsse sich in die öffentliche Arena der Agora hineinbegeben und ihre
Anliegen dort zur Diskussion stellen.[18] Mit dieser Idee wissensgesellschaftlicher
Öffentlichkeit lässt sich die eher technokratische Vorstellung Kühns, dass Wissen-

---

17   Diesbezüglich fallen zwei Dinge ins Auge: Erstens erfolgt in Kühns ‚Ausgangsidee' eine im-
     plizite Reduzierung der ‚Wissensgesellschaft' auf eine ‚Wissensökonomie' und damit auf das
     gesellschaftliche Teilsystem ‚Wirtschaft'. Sozialwissenschaftlich streng genommen müssten aber
     weitere Analysekriterien als lediglich wirtschaftliche Indikatoren einbezogen werden, sofern die
     gesellschaftliche Dimension einer Wissensgesellschaft (wort-)sinnadäquat berücksichtigt werden
     soll. Zweitens verweist Kühns ‚Differenzierung' der Ansiedlungstypen auf die eigenständige Be-
     deutung der Universität als Stätte von Forschung und Lehre, die nicht allein als Anhängsel oder
     Bestandteil von Technologie- und Wissenschaftsparks einen wissensgesellschaftlichen Stellenwert
     erhält. Kühns (2003) Fazit ist: Die Zahlen zur Ansiedlung von FuE-Clustern in der BRD lassen
     derzeit noch die sozioökonomische Basis für die Rede von einer Wissensgesellschaft vermissen.

18   Nowotny geht es in ihren Ausführungen zur Agora um einen Prozess, den sie ‚reverse communica-
     tion' nennt: Gesellschaft bzw. Öffentlichkeit wirke verstärkt auf wissenschaftliches Wissen zurück,
     indem Interessen im Hinblick auf das Wissenschaftssystem artikuliert werden – beispielsweise
     hinsichtlich der Frage, welches Wissen denn überhaupt als gesellschaftlich wünschenswert gelten
     könne und daher geschaffen oder eingesetzt werden sollte. Derartige Aushandlungsprozesse zwi-
     schen Wissenschaft und Öffentlichkeit sieht Nowotny als Basis für die Produktion gesellschaftlich
     ‚robusten' Wissens (vgl. Nowotny 2006: 24 sowie Eichholz 2008a: 107f). Weit positivistischer
     geprägt, aber ebenfalls von dem Gedanken getragen, dass Wissenschaft und (politische) Öffent-

schaft als Triebfeder und Rohstofflieferant der Wissensgesellschaft fungiere und sich Wissensgesellschaften daher anhand des Entwicklungsstandes wissenschaftlicher Infrastrukturen nachweisen oder messen ließen, um eine politisch-kulturelle Dimension ergänzen, durch die Wissensgesellschaft (im Umkehrschluss) nicht mehr nur durch rein ökonomische Kriterien bestimmt ist. Ganz gleich, ob Individuen nun im Bereich der Agora bzw. einer wissensgesellschaftlichen Öffentlichkeit partizipieren (werden), in der Forschungslandschaft, im Wissenschaftsbetrieb, im Bildungswesen oder in der Ausbildungsstätte für ‚Wissensarbeiter' tätig sind (oder sein werden): Der Überblick über thematisch einschlägige Veröffentlichungen zur Wissensgesellschaft zeigt, dass eine sozialräumliche Analyse solcher Orte bislang chronisch vernachlässigt ist, an denen Wissensgesellschaft sprichwörtlich ‚gelebt' wird (oder werden könnte). Über die Feststellung einer solchen ‚Ortslosigkeit' vermögen auch die konzeptionellen Grundzüge einer von Informatisierung und Virtualisierung gekennzeichneten Informationsgesellschaft nicht hinwegzuhelfen, die in einigen neueren sozialwissenschaftlichen Überlegungen und politischen Programmschriften gewissermaßen innerhalb des Begriffs der Wissensgesellschaft absorbiert sind.[19] Denn allen Möglichkeiten virtueller Räume zum Trotz – oder vielleicht gerade daraus resultierend[20] – bleiben auch so genannte Wissensgesellschaften auf konkrete Orte angewiesen, an denen ein soziales Miteinander stattfinden kann.[21]

Die Campus-Studie fragt im Anschluss an diese diagnostische Einschätzung nach den raumbezogenen Bedürfnissen jener Generation, für die Veränderungen, die mit dem Stichwort Wissensgesellschaft verbunden werden, längst Realität geworden ist – und sie fragt auch nach den Potentialen, die Universitäten unter den allseits propagierten wissensgesellschaftlichen Rahmenbedingungen zur Selbstverortung zur Verfügung stehen und (umgekehrt) nach den zeitgemäßen Implikationen bzw. nach den Konsequenzen für Universitäten, die aus dem Diskurs um die Wissensgesellschaft resultieren (könnten).

---

lichkeit in einen Aushandlungsprozess treten, sind bereits die Ausführungen Lanes (1966) zur *„knowledgeable society"*.

19 Vgl. die umfassende Typologie der gängigen Begriffsverständnisse bei Eichholz 2008a: 277-279.

20 Dazu vgl. grundlegend Castells (2001); speziell zur Dynamik von Globalisierung und Ortsgebundenheit vgl. Robertson 1998.

21 Zwar zeigt ein erheblicher Anteil der analysierten Logbucheinträge, dass die bisher vorhandenen Möglichkeiten eines zeit- und ortsunabhängigen Studiums geschätzt werden und ein weiterer Ausbau (beispielsweise) der Onlinelehre von vielen Studierenden als wünschenswert markiert wird – demgegenüber finden sich im Datenmaterial der vorliegenden Studie ebenso viele Äußerungen, in denen eine Erweiterung der baulich-räumlichen Ressourcen für ein einsam-konzentriertes wie auch für ein gemeinschaftlich-geselliges Studieren jeweils mehr oder minder nachdrücklich gefordert wird. Siehe Kapitel 4.1 sowie – zur Reflexion der Ergebnisse im Hinblick auf zeitgemäße Entwicklungspotentiale für Universitäten (im Allgemeinen) und der Universität Karlsruhe (im Speziellen) – Kapitel 5.1 und Kapitel 6.

2 My Campus – Zahlen, Fakten und Methoden

2.1 Baulich-historische Entwicklung der Universität Karlsruhe und des Campus

Wer heute den Campus Karlsruhe betritt, findet sich auf einem Areal am Rande der Innenstadt wieder, das sich seit der Errichtung seines ersten Gebäudes im Jahre 1836 kontinuierlich ausgedehnt hat und das dementsprechend die Spuren von fast 200 Jahren Baugeschichte trägt. Um die heutige Situation des Campus Karlsruhe – auch in Bezug auf die später dargestellten Ergebnisse – besser einordnen zu können, werden nun die wichtigsten Stationen der Campusentwicklung dargestellt.

Anfang des 19. Jahrhunderts erteilten die nachmaligen Gründerväter und Lehrer der Technischen Hochschule Karlsruhe – der Architekt Friedrich Weinbrenner sowie der Straßen- und Wasserbauer Johann Gottfried Tulla – den Unterricht oftmals noch in ihren Privatwohnungen.

Abbildung 1: Evangelische Stadtkirche und Lyzeum am Marktplatz 1822

Doch schon bald die Zeichen der Industrialisierung erkennend, beschloss Großherzog Ludwig I. von Baden die 1825 vollzogene Gründung der ersten Polytechnischen Schule Deutschlands[22] und gleichzeitig deren Ansiedlung am prominentesten Ort der Stadt: in einem Gebäudeflügel des Lyzeums mitten im Zentrum an der neu gestalteten via triumphalis, direkt neben der Hauptkirche und gegenüber dem Sitz der Stadtverwaltung.

Der andauernde Platzmangel im Lyzeum veranlasste jedoch bereits 1836 zu einem Neubau für die Polytechnische Schule. Der von Heinrich Hübsch für 300 Schüler entworfene Bau stellt heute den Westflügel des Hauptgebäudes mit Sitz der Verwaltung dar. Mit seiner Lage an der heutigen Kaiserstraße war er im räumlichen Kontext des Schlosses angesiedelt, bot aber gleichzeitig nach Norden freie Flächen für spätere Erweiterungsmöglichkeiten an.

Abbildung 2:   Hauptgebäude von Osten 1836

Mit dem Bau eigener Schulen für Maschinenbau und Chemie erweiterte sich der Komplex in den 1850er und 1860er Jahren rund um den auch heute noch so genannten ‚Ehrenhof'. Nicht nur baulich, sondern auch im öffentlichen Ansehen wuchs das Polytechnikum, das 1865 den Rang einer Hochschule erhielt.

---

22   Aus heutiger Sicht stellt Karlsruhe die älteste technische Hochschule Deutschlands dar. 1825 zählten auch Prag und Wien zum damaligen Gebiet des Deutschen Bundes, in denen vergleichbare Polytechnische Schulen bereits 1806 resp. 1815 entstanden waren. In einer sehr kurzen Zeitspanne wurden weitere technische Schulen in München (1827), Dresden (1828), Stuttgart (1829) und Darmstadt (1836) gegründet.

Da während des Deutsch-Französischen Krieges die Studierendenzahlen zurückgingen und erst im Deutschen Kaiserreich (1871 bis 1918) langsam wieder ein Anstieg zu verzeichnen war, waren bis in die Mitte der 1890er Jahre nur kleinere Erweiterungen – überwiegend in Form von Anbauten – erforderlich. Ausgelöst durch die Weltausstellung in Chicago 1893 und die damit gegebenen internationalen Vergleichsmöglichkeiten begann an den deutschen Hochschulen und in der Industrie ein Bauboom an Laboratorien, um vermeintliche Rückstände der industriellen Forschung und Produktion aufholen zu können. Auch das Karlsruher Polytechnikum – mittlerweile eine ‚Technischen Hochschule' – dehnte sich bis zu Beginn des Ersten Weltkrieges 1914 weiter in Richtung Osten und Norden aus. Neben neuen Laboratorien wurde 1899 der bereits seit geraumer Zeit gewünschte repräsentative Aula-Bau eingeweiht.

Die Lage auf den ehemals fürstlichen Flächen erwies sich nach dem Ersten Weltkrieg als Vorteil: Diese konnten als Erweiterungsflächen genutzt werden und das Hochschulareal mit dem Hauptgebäude rund um den Ehrenhof wurde nach Osten auf das Gelände der ehemaligen Dragonerkaserne sowie nach Norden und Nordwesten in den ehemaligen Fasanengarten erweitert. Neben neuen Instituten entstanden in dieser Zeit auch das Hochschulstadion und das Studentenhaus, durch deren Bau sich die Campusfläche auf einen Schlag um etwa 50 Prozent vergrößerte. Erstmals entstand ein Gesamtkonzept, das dem Erwerb von Wissen ebenso wie dem Wunsch nach körperlicher Ertüchtigung und ‚studentischem Leben' auf dem Campus Rechnung trug.

Im September 1944 zerstörten Fliegerangriffe 44 Prozent des Gebäudebestandes der Hochschule, weshalb man nach dem Ende des Zweiten Weltkrieges zunächst über eine Angliederung der Reste der Hochschule in Heidelberg oder eine Neuansiedlung in Ettlingen nachdachte. Die Stadt überließ der Hochschule jedoch unbefristet die Telegrafenkaserne im Stadtwesten, die den größten Teil der damaligen Hochschule aufnehmen konnte. Aus der Übergangslösung ist mittlerweile eine Dauerlösung geworden und bis heute sind in der Westhochschule mehrere Institute angesiedelt. Die Trümmerbeseitigung dauerte bis 1949 und bis Mitte der 1950er Jahre wurde die Hochschule am alten Standort wieder aufgebaut.

Es folgte ein über 20 Jahre lang anhaltender Bauboom. Aufgrund eines befürchteten Ingenieurmangels empfahl der Deutsche Hochschulrat 1961 den Ausbau der wissenschaftlichen Hochschulen, der sich auch auf die Karlsruher Hochschule – ab 1967 Universität Karlsruhe (TH) – auswirkte: Der Campus dehnte sich nun immer weiter in Richtung Schloss und in den Hardtwald aus und es entstanden vor allem großmaßstäbliche Gebäude wie Mensa und Hochschulbibliothek, ‚Physik-Hochhaus' und ‚Chemie-Hochhäuser' sowie das Rechenzentrum.

Das Leitbild der damaligen Zeit hieß ‚lockere Bebauung' und es wurde viel Platz für Grün zwischen den Gebäuden gelassen. Hochhäuser sollten wie Kirchtürme in der Großstadt optische Akzente bilden. Die Neubauten der 1960er Jahre sind auch heute noch gekennzeichnet durch ihre Struktur als miteinander durch Gänge und Stege verbundene Solitärbauten unterschiedlicher Höhe, die als lockere Gruppen im Grünen verteilt sitzen.

Abbildung 3:   Campusplan 1969

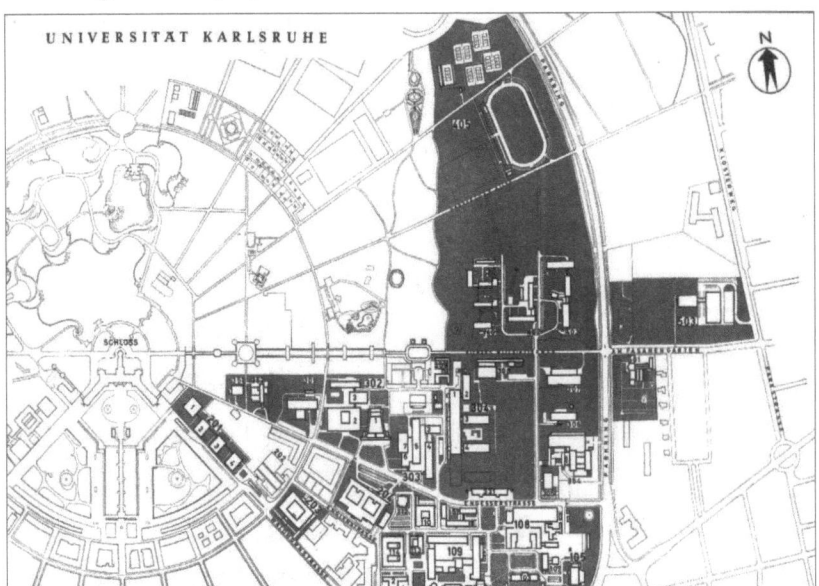

Der in den Nachkriegsjahrzehnten stark zunehmende Individualverkehr führte zu einem großmaßstäblichen Ausbau der Verkehrswege: Der Durlacher-Tor-Platz mit seinen sieben einmündenden Straßen wurde um das Gebiet des ehemaligen Botanischen Gartens der Hochschule erweitert, um den auf seine doppelte Breite vergrößerten Adenauerring ohne Umwege anschließen zu können. Ab 1961 wurde die den Campus nach Süden begrenzende Durlacher Allee zweispurig ausgebaut und mit einer Straßenbahntrasse versehen, die bis heute für die Universität die beiden Anknüpfungspunkte an das Netz des Öffentlichen Personennahverkehrs (ÖPNV) darstellt.

In allen diesen Entwicklungen war ein wesentlicher Standortvorteil die Nähe zu Innenstadt und Schloss auf der einen Seite sowie zu Schlosspark und Hardtwald auf der anderen Seite, wo bereits seit 1955 das 55.000 Plätze fassende Wildparkstadion als Heimspielstätte des Fußballvereins Karlsruher Sport-Club (KSC) liegt.

In den letzten 25 Jahren dehnte sich der Campus weiter aus; vor allem aber fanden eine Reihe von Umstrukturierungen vorhandener Gebäudekomplexe statt: die zweite Erweiterung der Mensa, die Umgestaltung der Restfläche des alten Stadions zur Forumswiese, das Forschungszentrum Umwelt am Fasanengarten, die Erweiterung des Gastdozentenhauses, das Audimax am Forum sowie die 24-Stunden-Bibliothek. Nach dem Umzug der Kinderklinik auf das Hauptareal des Städtischen Klinikums im Nordwesten Karlsruhes im Jahr 2003 hat die Universität das Gelände der ehemaligen Kinderklinik am Durlacher Tor übernommen, wo mittlerweile das Akademische Auslandsamt (AAA), das Studienkolleg für ausländische Studierende, ein Institut der Fakultät für Informatik sowie ein Wohnheim untergebracht sind.

Abbildung 4:   Luftbild Blick von Osten auf den Campus

Obwohl der Hauptanteil der Universitätseinrichtungen auf dem innerstädtischen
Campus einschließlich seiner Erweiterungen über den Adenauerring hinaus angesiedelt ist, wurden in den letzten Jahrzehnten über die ganze Stadt und sogar darüber hinaus einzelne Flächen gekauft oder gemietet.[23]

Abbildung 5:   Entwicklungslinien des Campus Karlsruhe

---

23   Weitere Einrichtungen sind in der bereits erwähnten so genannten Westhochschule (Hertzstraße)
      und auf dem Areal der ehemaligen Mackensen-Kaserne (Rintheimer Querallee) untergebracht
      sowie in der Haid-und-Neu-Straße, der Hansastraße, der Hans-Thoma-Straße, In den Kuhwie-
      sen, der Kaiserstraße, der Karl-Friedrich-Straße, der Kornblumenstraße, der Kronenstraße, der
      Tiefentalstraße, der Vincenz-Prießnitz-Straße, der Waldhornstraße sowie der Zähringerstraße.
      Außerhalb Karlsruhes sind Universitätseinrichtungen in Leopoldshafen (Gelände des FZK) sowie
      in Linkenheim, Rastatt und Wolfach angesiedelt. Eine Übersicht findet sich online unter http://
      www.zvw.uni-karlsruhe.de/1576.php (letzter Zugriff 31.10.2009).

Der Zusammenschluss der Universität mit dem Forschungszentrum Karlsruhe (FZK) im KIT[24] hat eine Welle institutioneller Zusammenschlüsse und Umnutzungen angestoßen, die ihren ersten Ausdruck bereits in der neuen Bezeichnung von Campus Nord (Gelände des FZK) und Campus Süd (Universitätsgelände) finden. Als erste fusionierte Abteilung von Forschungszentrum und Universität wurde die gemeinsame Pressestelle in angemieteten Räumlichkeiten nahe der Technologiefabrik angesiedelt.

Abbildung 6:   Das ‚Was ist wo' des Campus Karlsruhe

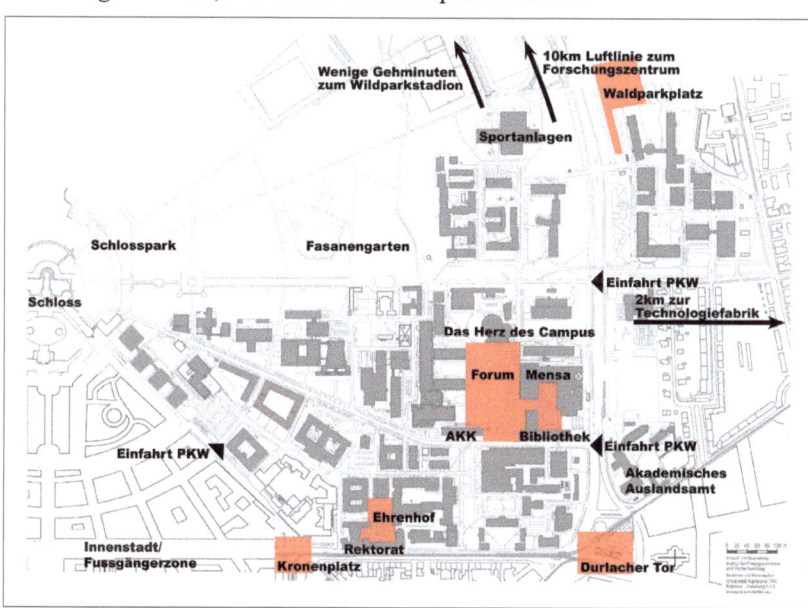

24   Am 13.12.2007 wurde der KIT-Gründungsvertrag als Binnenvereinbarung zwischen Universität und FZK unterzeichnet. Die Einrichtung des KIT als eigenständige Rechtsperson bei gleichzeitiger Auflösung der Universität Karlsruhe (TH) und des Forschungszentrums Karlsruhe ist auf gesetzlichem Wege im Rahmen eines KIT-Gesetzes erfolgt, das am 1.10.2009 in Kraft getreten ist.

2.2 Die Studierenden der Universität Karlsruhe heute

Im Wintersemester 2007/08, dessen Studierendenstatistik[25] die Datengrundlage der folgenden Darstellung bildet, waren an allen acht Karlsruher Hochschulen[26] insgesamt rund 30.000 Studierende[27] eingeschrieben. Der weitaus größte Anteil mit 18.353 Personen studierte an der Universität Karlsruhe, unter ihnen 3205 Studierende (rund 17,5 %) aus dem Ausland zuzüglich einer Zahl von 290 Bildungsinländern[28] (rund 1,6 %).

Dabei sind an der Universität Karlsruhe Studierende aus allen fünf Kontinenten vertreten: Die Studierenden nicht-deutscher Nationalität (inkl. Bildungsinländer) stammten überwiegend aus Europa (rund 1500 Studierende) und dem asiatischen Raum (rund 1300 Studierende) sowie aus Afrika (rund 400 Studierende). 350 der Studierenden waren über ein Austauschprogramm und somit temporär in Karlsruhe, während der weitaus größere Teil der ausländischen Studierenden anstrebte, das gesamte Studium in Karlsruhe bzw. in Deutschland zu absolvieren. Bis zum Jahr 2006 war an der Universität Karlsruhe ein kontinuierlicher Zuwachs an ausländischen Studierenden zu verzeichnen, der sich nach Angaben des AAA zum Zeitpunkt der vorliegenden Erhebung leicht abschwächte. Vermutet wird ein Zusammenhang mit der Einführung der Studiengebühren in Baden-Württemberg,

---

25 Studierenden-Statistik der Universität Karlsruhe (TH); Datengewinnung aus der Verwaltungsdatenbank der Universität Karlsruhe (TH). Die Eingaben in die Datenbank erfolgen über die Angestellten des Studienbüros sowie über eine Selbstverwaltungsfunktion, mittels derer die Studierenden ihre Daten aktualisieren können; die vorliegenden Daten zeigen die Situation zum Stichtag vom 15.11.2007. Online verfügbar unter http://www.zvw.uni-karlsruhe.de/stat/stud/allg/bro/index.htm (letzter Zugriff 31.10.2009).

26 Die acht in Karlsruhe ansässigen Hochschulen in alphabetischer Reihenfolge: Berufsakademie, Hochschule für Gestaltung, Hochschule für Musik, Hochschule Karlsruhe – Technik und Wirtschaft, Merkur-Akademie, Pädagogische Hochschule, Staatliche Akademie der Bildenden Künste, Universität Karlsruhe (TH).

27 Zur wohnberechtigten Bevölkerung (= alle mit Haupt- oder Nebenwohnsitz gemeldeten Personen) Karlsruhes zählen 300.000 Personen. Eine direkte Bezugnahme dieser beiden Kenngrößen aufeinander ist allerdings nicht möglich, da beispielsweise auch nicht in Karlsruhe gemeldete Personen, z.B. Pendler aus anderen Kommunen, in Karlsruhe studieren. Die Nennung dieser Zahlen soll lediglich die Anzahl der Studierenden im Verhältnis zur Stadtbevölkerung verdeutlichen. Zum Vergleich die Zahlen aus der Stadt Freiburg im Breisgau, die typischerweise als Studentenstadt beschrieben wird: Dort waren bei einer wohnberechtigten Bevölkerung von rund 220.000 Personen im Wintersemester 2007/08 31.000 Studierende an fünf Hochschulen eingeschrieben.

28 Da in der Studierenden-Statistik der Universität keine Aufschlüsselung nach ausländischen Studierenden mit und ohne Bildungsinländer-Status existiert, wurde diese Zahl im Rahmen eines telefonischen Gesprächs mit einer Vertreterin des AAA am 25.03.2008 ermittelt. Als Bildungsinländer werden Personen bezeichnet, die keine deutsche Staatsangehörigkeit, aber eine an einer deutschen Schule erworbene Hochschulzugangsberechtigung besitzen.

wobei von Seiten der Universität zahlreiche Auslandskooperationen bestehen, die ein gebührenfreies Studium ermöglichen.[29]

Unter den Studierenden mit deutscher Staatsangehörigkeit kamen 81 Prozent aus dem Bundesland Baden-Württemberg und 8 Prozent aus dem benachbarten Rheinland-Pfalz, so dass die Universität Karlsruhe zu jenen Hochschulen zählt, an denen der Großteil heimatnah studiert.[30]

19 Prozent der Studierenden hatten sich im Wintersemester 2007/08 zum ersten Mal an einer Hochschule immatrikuliert, während 75 Prozent der Universitäts-Studierenden sich rückgemeldet haben. Die übrigen 6 Prozent waren überwiegend, vor allem wegen eines Auslandsaufenthalts oder eines Praktikums, beurlaubt oder hatten sich neu immatrikuliert.

Einen Überblick über die Entwicklung der Studierendenzahlen an der Universität Karlsruhe seit 1970 gibt folgende Grafik:

Abbildung 7: Entwicklung der Studierendenzahlen an der Universität Karlsruhe seit 1970

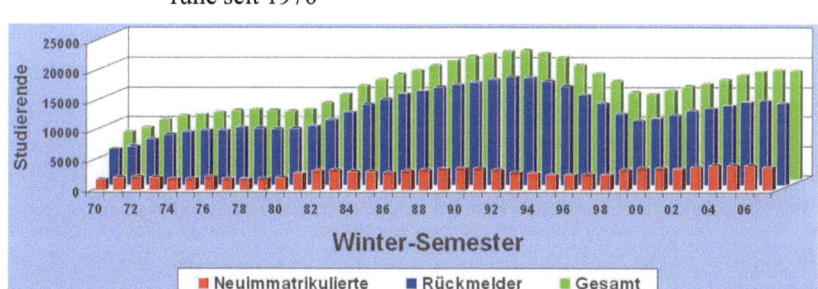

Die knapp 18.400 Studierenden im Wintersemester 2007/08 verteilten sich auf insgesamt elf Fakultäten. Von diesen konnten die Fakultäten Maschinenbau, Infor-

---

29 Für verlässliche Aussagen wären weitere Datenerhebungen vorzunehmen und gegebenenfalls Untersuchungen zur Motivation bzw. zu Motivationshemmnissen bei ausländischen Studierenden bezüglich eines Studiums in Deutschland durchzuführen.

30 Zur Relevanz des heimatnahen Studierens vgl. 2007 HISBUS-Kurzinformation Nr. 18, Wahlmotive und Bewertungen des Studienortes bei Studienanfängern im Vergleich der neuen und der alten Länder. Online verfügbar unter https://hisbus.his.de/hisbus/docs/hisbus18.pdf (letzter Zugriff 31.10.2009).

matik, Wirtschaftswissenschaften sowie Elektrotechnik und Informationstechnik den relativ stärksten Anteil an Studierenden für sich verbuchen:

- Fakultät für Architektur (5%)
- Fakultät für Bauingenieur-, Geo- und Umweltwissenschaften (8%)
- Fakultät für Chemie und Biowissenschaften (6%)
- Fakultät für Chemieingenieurwesen (5%)
- Fakultät für Elektrotechnik und Informationstechnik (10%)
- Fakultät für Geistes- und Sozialwissenschaften (6%)
- Fakultät für Informatik (13% + 3% Informationswirtschaft)
- Fakultät für Maschinenbau (17%)
- Fakultät für Mathematik (5%)
- Fakultät für Physik (7%)
- Fakultät für Wirtschaftswissenschaften (15%)

Zum Zeitpunkt der Erhebung war lediglich in vier der elf Fakultäten (Elektrotechnik- und Informationstechnik, Geistes- und Sozialwissenschaften, Wirtschaftswissenschaften, Studiengang Informationswirtschaft in der Fakultät für Informatik) die Umstellung auf das Bachelor-Master-System bereits erfolgt[31] und die angestrebten Abschlüsse verteilten sich wie folgt: 75,5 Prozent der Studierenden wollten noch ein Diplom erwerben, während zwölf Prozent bereits für einen Bachelor- und 2,5 Prozent für einen Master-Studiengang eingeschrieben waren. 4 Prozent der angestrebten Abschlüsse bezogen sich auf Lehramtsstudiengänge.

Für eine technische Hochschule nicht überraschend, aber im Vergleich mit anderen (Fach-) Hochschulen technischer Ausrichtung überdurchschnittlich hoch, lag der Männeranteil an der Karlsruher Universität bei 76 Prozent. Relativierend kann jedoch festgehalten werden, dass seit 1970 ein leichter, fast kontinuierlicher Anstieg der weiblichen Studierendenschaft zu verzeichnen ist.

Über die Anzahl der Studierenden mit Kind existieren keine Angaben, da die rechtliche Situation die Erfassung dieser Variablen bei der Immatrikulation nicht erlaubt. Zum Stichtag vom 15.11.2007 befanden sich 22 Studentinnen in Mutterschutz.

Auch zur Anzahl der Studierenden mit Behinderung liegen aufgrund des rechtlichen Erfassungsverbots keine exakten Zahlen vor. Ein Gespräch[32] mit dem Leiter

---

31 Angaben zu Bachelor-Master-Studiengängen aus den Prüfungsordnungen der jeweiligen Fachrichtungen, verfügbar über die Homepage der jeweiligen Fakultät; Startseite http://www.uni-karlsruhe. de/studierende/euo.php#2 (letzter Zugriff 31.10.2009). In der Fakultät für Informatik war zum damaligen Zeitpunkt nur eine Umstellung im Studiengang Informationswirtschaft erfolgt.

32 Gespräch am 21.02.2008. Zur vertiefenden Beschäftigung mit dem Thema ‚Studieren mit Behinderung' empfahl der Leiter des SZS die regelmäßig im Auftrag des Deutschen Studentenwerks

des Studienzentrums für Sehgeschädigte (SZS), der zeitgleich die Funktion des Behindertenbeauftragten der Universität inne hat, ergab, dass seit 1987 ca. 50 Studierende mit Sehbehinderung ihr Studium vollständig absolviert haben und zur Zeit ca. 25 Menschen mit Behinderungen regelmäßigen Kontakt zum SZS suchen.[33]

Zur Erhebung der Situation der Studierenden heute werden die Ergebnisse aus der Studierendenstatistik der Universität Karlsruhe um einige Aspekte zur sozialen und wirtschaftlichen Lage von Studierenden in Karlsruhe ergänzt.[34]

Ungefähr ein Fünftel der Karlsruher Studierenden empfängt Leistungen nach dem BaföG (Bundesausbildungsförderungsgesetz), wohingegen der weitaus größere Anteil finanziell von den Eltern unterstützt wird. Hinzu kommen bei rund zwei Dritteln der Studierenden Einkünfte aus einer Nebenerwerbstätigkeit. Dabei scheint das ‚Jobben' über die Jahre hinweg ein immer stärkerer Bestandteil des Studiums zu werden. Nach Angaben des AAA35 sind fast alle Studierenden aus dem Ausland – insbesondere aus wirtschaftlich schwächeren Ländern – auf mindestens eine Nebenerwerbstätigkeit angewiesen, um sich Leben und Studium in Deutschland leisten zu können.

Ebenfalls über den Zeitraum der letzten zehn Jahre lässt sich eine deutliche Veränderung bei der sozialen Herkunft zu Gunsten sozial besser gestellter Studierender ausmachen: Die Zahl der Befragten aus der niedrigeren Herkunftsgruppe

---

von der Hochschul-Informations-System (HIS) GmbH durchgeführte so genannte ‚Sozialerhebung' zur wirtschaftlichen und sozialen Lage von Studierenden in Deutschland. Die in den Sozialerhebungen dargestellten Ergebnisse zur Situation von Studierenden mit Behinderungen entsprächen inhaltlich exakt den bei den Karlsruher Studierenden vorfindbaren Bedürfnissen, Wünschen, Chancen und Risiken.

33 Hinzu kommen in Zahlen schwer fassbare Einzelkontakte, die bei bestimmten Fragen und Anliegen punktuell erfolgen und nicht über einen längeren Zeitraum aufrecht erhalten werden.

34 Die folgenden Angaben stammen aus dem Bericht zur wirtschaftlichen und sozialen Lage der Studierenden in Karlsruhe und Pforzheim, die eine Sonderauswertung der 17. Sozialerhebung des deutschen Studentenwerks e.V. (Erhebungszeitpunkt 2003) darstellt; erhältlich als Printexemplar beim Studentenwerk Karlsruhe www.studentenwerk-karlsruhe.de (letzter Zugriff 31.10.2009).
Aufgrund der unterschiedlichen Erhebungszeitpunkte und einer Grundgesamtheit, die weit über die an der Universität Karlsruhe immatrikulierten Studierenden hinausweist, sind diese repräsentativen Daten als Tendenzaussagen zu interpretieren, die nicht in direkten Bezug zu den im Wintersemester 18.353 Immatrikulierten gesetzt werden können. Dennoch vermittelt dieses Material einen Einblick in die soziale und wirtschaftliche Lage von Studierenden in Karlsruhe jenseits der reinen Studierenden-Statistik. Über weitere Aspekte der Lebenswirklichkeit von Studierenden an deutschen und insbesondere an baden-württembergischen Hochschulen informiert die gleichnamige, für Gesamtdeutschland durchgeführte 18. Sozialerhebung. Online verfügbar unter http://www.sozialerhebung.de/soz_18.html (letzter Zugriff 31.10.2009). Für das Bundesland Baden-Württemberg existiert darüber hinaus auch eine Sonderauswertung. Online verfügbar unter http://www.studentenwerk-karlsruhe.de/downloads/Sonderauswertung%20Sozialerhebung%20.pdf (letzter Zugriff 31.10.2009)

35 Persönliches Gespräch mit einer Mitarbeiterin des AAA am 21.02.2008.

sank im Jahr 2003 unter die 10-Prozent-Marke, während die Zahl der Studierenden aus der hohen Herkunftsgruppe im Lauf der Zeit um mehr als zehn Prozent
auf runde 40 Prozent im Jahr 2003 gestiegen ist.

Die Haushaltssituation der Studierenden in Karlsruhe[36] gestaltete sich im Jahr
2003 wie folgt: Die meisten Studierenden (28%) lebten in einer Wohngemein-
schaft, gefolgt von der Anzahl der bei den Eltern lebenden (26%). 19% der Studierenden lebten allein, während 15% ihre Wohnung mit dem Partner teilten und
12% in einem Wohnheim lebten.

Da ein spezifisches Campusnutzungsverhalten jedoch keinesfalls ausschließlich auf sozialstrukturelle Merkmale zurückgeführt werden kann, wurden bei der
Zusammenstellung des Samples für die Studie bestimmte, über diese sozialstruk-
turellen Aspekte hinausgehende Merkmale fokussiert, die für die Campusnutzung von besonderer Relevanz zu sein scheinen. Diese werden im folgenden Abschnitt dargestellt.

2.3   Die methodische Anlage der Studie

2.3.1   Datenerhebung mittels explorativer Interviews und Logbücher

Methodenentwicklung

In der sozialwissenschaftlichen Stadt- und Raumforschung hat sich mittlerweile ein
vielfältiges Methodenarsenal zur Erforschung von Raumnutzungsverhalten und zur
Rekonstruktion von Raumwahrnehmungen etabliert, innerhalb dessen Methoden
der – verdeckten oder nicht-verdeckten, stationären oder mobilen – Beobachtung
von Raumnutzern dominieren, die gängigerweise mit Interviewverfahren, Foto- und
Videodokumentationen, Experimenten oder der Erstellung von Landkarten durch
die Untersuchten kombiniert werden.[37] Die gängigen Designs haben allesamt den
Nachteil, dass sie für größere Untersuchungsgruppen oder Samples nur mit einem
immensen Zeit- und Personalaufwand umzusetzen sind, da sie in der Erhebungs-
phase eine intensive, dauerhafte und/oder regelmäßige Präsenz der Forscher am
jeweiligen Ort erfordern. Zugleich werden in der Regel erhebliche Datenberge er-
zeugt, die in der Datenanalyse kaum mehr zu bewältigen sind. Daher wurde für
die vorliegende explorative Studie auf ein Instrument zurückgegriffen, das sich in
neuerer Zeit insbesondere in der qualitativen Marktforschung sowie der Rezep-

---

36   und Pforzheim; Daten ebenfalls aus der gemeinsamen Sonderauswertung aus dem Jahr 2003,
     s.o.
37   Vgl. exemplarisch: Binder 2000, Lutz/Behnken/Zinnecker 1997, Sachs Pfeiffer 1995, Welz 1998,
     Werlen 2000, Wüstenrot Stiftung 2003 sowie für einen Überblick Eichholz 2002.

tionsforschung etabliert hat: das Tagebuch – wegen des stärkeren Verbreitungs-grades im angelsächsischen Raum auch als Diary bezeichnet.[38] Der Einsatz dieser Methode hat den Vorteil, dass die Untersuchten nicht die kontinuierliche Anwe-senheit oder Begleitung eines Forschers erdulden müssen, sondern sich selber be-obachten und ihre Selbst-Beobachtungen schriftlich fixieren. Die Erstellung von ‚Feldprotokollen' wird damit von den Untersuchungsteilnehmern übernommen, wodurch der Arbeitseinsatz von Forschern auf die Entwicklung des Erhebungsin-struments, die Betreuung der Probanden im Zuge der Rekrutierung und während des Erhebungszeitraums sowie die Auswertung der Daten reduziert werden kann.

Für die vorliegende Studie wurde ein von uns so genanntes ‚Logbuch'[39] ent-wickelt, in dem die für die Studie ausgewählten Studierenden über einen Zeitraum von zwei Kalenderwochen[40] ihre räumlich-zeitliche Nutzung des Campus proto-kollieren sollten. Um die Vergleichbarkeit der erhobenen Daten gewährleisten zu können, wurde eine Struktur vorgegeben.[41] Zunächst wurden die Studierenden da-rum gebeten, die von ihnen belegten Lehrveranstaltungen in Wochenplänen auf-zulisten. Darüber hinaus sollten sie ihre täglichen (studienbezogenen) Aktivitäten, die Orte, an denen diese Tätigkeiten stattgefunden haben, ihre Wege dorthin sowie Kommentare zu Weg- und Raumwahrnehmung in Tagesablaufplänen festhalten. Zu jedem dieser Tagesablaufpläne war im Logbuch eine Seite für ‚kreative' Eintra-gungen bzw. fotografische oder zeichnerische Illustrationen zu den Orten auf dem Campus vorgesehen, die im Verlauf des entsprechenden Tages als besonders ‚gut' oder ‚schlecht' empfunden worden waren.[42] Des Weiteren sollten die Studierenden

---

38 Vgl. Bolger et al. 2003; Corti 1993; Sandstrom 2003.

39 Die Bezeichnung als ‚Logbuch' erwies sich für den konkreten Fall wesentlich angemessener als die des Tagebuchs. Zum ersten weist sie auf die Teilstrukturiertheit des Instruments hin und zum zweiten schützt sie vor den gängigen Konnotationen wie ‚in ein Tagebuch kommen meine ganz persönlichen Geheimnisse' oder ‚Tagebücher sind etwas für Mädchen' – v.a. ein aufgrund des hohen Anteils an männlichen Studierenden zu beachtender Aspekt.

40 Der Erhebungszeitraum dauerte vom 26. Mai bis zum 09. Juni 2008. Diese Rahmendaten ergaben sich aus mehreren forschungspraktischen Gründen: 1. sollte die Untersuchung im Sommer-semester stattfinden, um auch die Freiraumnutzung der Studierenden erheben zu können; 2. sollte der Zeitraum so gewählt werden, dass die Studierenden bereits alle ihre Stundenpläne hatten und sich im regulären Semesterbetrieb befanden, ohne bereits – zumindest nicht in der Mehrzahl – in der Klausurphase zu sein; 3. sollte ein Zeitraum von 14 Tagen nicht unterschritten werden, der zudem möglichst nicht durch bereits vorher absehbare Umstände wie Feiertage eingeschränkt werden sollte.

41 Die Protokollierungsvorgaben sahen vor, auch die Gestaltung des Campus-Aufenthaltes außer-halb der Lehrveranstaltungen zu erfassen: Ort, Dauer, Art der Aktivität (Studium, Rekreation, Erwerbsarbeit, soziale Dienste etc.), Interaktionspartner, Verkehrsmittel- und Wegenutzung, Erläuterungen zu Wegen und Orten.

42 Da die Nutzung eigener Kameras oder Fotohandys nicht prinzipiell vorausgesetzt werden konnte, erhielten alle Teilnehmer eine Einweg-Kamera. Die entstandenen Entwicklungskosten wurden

jeweils täglich die Stationen ihrer Aufenthalte und ihre Wege chronologisch auf einem Campusplan markieren.[43] Diese Logbuchstruktur wurde ergänzt durch eine Zwischen- bzw. Gesamtbetrachtung, in der die Studierenden durch Impulsfragen dazu aufgefordert wurden, die von ihnen als vorbildlich empfundenen Orte ebenso wie ihre ‚Meideorte'[44] sowie ihre Wunschvorstellungen für einen idealen Campus Karlsruhe festzuhalten. Der Prototyp des Logbuchs wurde im Rahmen eines Projektseminars einem Pre-Test unterzogen[45] und unter Berücksichtigung der gewonnenen Anregungen und Erkenntnisse modifiziert. Dabei wurden auch das Layout und die Formen einer studierendengerechten Ansprache angepasst, um den Studienteilnehmern ein forschungstaugliches und zielgruppenadäquates Instrument an die Hand zu geben. Mit der Optimierung der grafischen Gesamtkonzeption (Texte und Pläne) zum Zweck einer ansprechenden Gestaltung und einer guten Handhabbarkeit wurde ein Grafiker betraut.

Rekrutierung von Studienteilnehmern

Der Studie liegt keine repräsentative Stichprobe – z.b. in Bezug auf die ‚klassischen' Variablen Alter, Geschlecht und Studienfach – zugrunde, weshalb ihr lediglich ein explorativer Charakter attestiert werden kann. Für die Auswahl der Studienteilnehmer wurde eine Mischstrategie angesetzt: Nach einer Phase der Selbstrekrutierung wurden gezielt weitere Studierende für die Beteiligung an der Untersuchung gewonnen.[46]

Um möglichst viele unterschiedliche Studierende anzusprechen, wurde der gesamte Projektverlauf in Kooperation mit der Stabsabteilung ‚Presse, Kommu-

---

den Studierenden vollumfänglich erstattet.

43 Aufgrund der erwartbaren Nutzung des an den Campus angrenzenden Stadtgebietes mit Fußgängerzone wurde der Campusplan nach Süden mit einem Stadtplan ergänzt. Die Kartographien weisen in der Tat häufig auf eine Verflechtung von Innenstadt und Campus im Laufe eines Studientages hin. Dem Logbuch wurde außerdem ein Plan beigefügt, der das gesamte Karlsruher Stadtgebiet abbildet. Darin sollten die Logschreiber ihre ‚typischen' Aufenthaltsorte in der Stadt vermerken – unabhängig davon, ob sie diese während des Erhebungszeitraums besucht hatten. Diese Pläne konnten genutzt werden, um den Aktionsradius der jeweiligen Wegbeschreibers während der beiden Wochen im Verhältnis zu seinem von ihm als typisch eingeschätzten Aktionsradius zu betrachten. Auf eine weiterführende Auswertung der Stadtpläne wurde zugunsten des genuin auf den Campus fokussierten Designs verzichtet. Weitere Auswertungsschritte im Rahmen einer stärker auf den Stadtraum angelegten Untersuchung sind jedoch denkbar.

44 Mit der Frage nach den ‚Meideorten' wurde auf die Gründe für eine Nicht-Nutzung von Räumlichkeiten und Orten auf dem Campus abgezielt, da darin anregende Potentiale für planerische Überlegungen vermutet wurden. Diese Einschätzung hat sich in der Datenanalyse bestätigt.

45 Das Projektseminar „Räume für die ‚Wissensgesellschaft'. Wie nutzen Studierende den Campus?" wurde im Sommersemester 2008 am Institut für Soziologie als Blockseminar durchgeführt.

46 Zum Vorgehen des sog. Theoretical Sampling vgl. Glaser/Strauss 1998; vgl. auch ‚selektives Sampling' nach Schatzman/Strauss 1973; einen Überblick gibt Merkens 2007.

nikation und Marketing' sowie dem Studentenwerk von einer intensiven Öffentlichkeitsarbeit begleitet. Die Studierenden wurden über einen Zeitraum von ca. sechs Wochen über unterschiedliche Kanäle (Hochschulmedien, Studentenmagazine, Postkartenaktion, persönliche Ansprache) auf die Studie aufmerksam gemacht und um Bewerbung gebeten. Um zusätzliche Anreize für die Teilnahme an dem durchaus zeitaufwändigen Verfahren zu schaffen, wurde eine Verlosung hochwertiger Preise angekündigt. Bereits ab dem Erstkontakt wurden die Studienteilnehmer regelmäßig per E-Mail über den Fortgang des Projektes und anstehende Termine informiert.

Auf diese Weise konnten 61 Studienteilnehmer gewonnen werden. Anhand von Rahmendaten, die mit einem kurzen Fragebogen erhoben wurden, konnte geprüft werden, ob Fälle mit folgenden Merkmalen – für deren mögliche Relevanz hinsichtlich der Campusnutzung wir in den Vorgesprächen sensibilisiert wurden – vertreten waren:

- *Inhouser*
  Der Kategorie ‚Inhouser' sind solche Studierenden zuzuordnen, die ihre im Rahmen des Stundenplans zu erledigenden Studienaktivitäten prinzipiell auf sehr wenige Orte konzentrieren können. Ihr Aufenthalt an einem Ort wird höchstens von kurzen Wegen zu nahe gelegenen, anderen Standorten unterbrochen (z.B. Raumwechsel im gleichen Gebäude).

- *Hopper*
  Der Kategorie ‚Hopper' sind solche Studierenden zuzuordnen, deren im Rahmen ihres Stundenplans zu erledigende Studienaktivitäten sich auf mehrere, auch auseinander liegende Orte verteilen und deren Lehrveranstaltungen dementsprechend nicht auf einen zentralen Ort konzentriert sind.

- *Pendler*
  Der Kategorie ‚Pendler' sind solche Studierenden zuzuordnen, die außerhalb Karlsruhes wohnen und zum Studium nach Karlsruhe pendeln.

- *Ausländer*
  Der Kategorie ‚Ausländer' sind solche Studierenden zuzuordnen, die eine andere als die deutsche Staatsbürgerschaft besitzen oder die (trotz deutscher Staatsbürgerschaft) bis zu ihrem Studium dauerhaft im Ausland gelebt haben und gezielt zum Studieren nach Karlsruhe gekommen sind.

Partner im Rahmen der explorativ angelegten Vorgespräche waren Studierende aus allen elf Fakultäten sowie Studierendenvertreter des Unabhängigen Studierendenausschusses (UstA) und Vertreter folgender Beratungs- und Verwaltungsstellen:

AAA, Gleichstellungsbüro der Universität Karlsruhe, SZS/Behindertenbeauftrag-
ter der Universität Karlsruhe, Studentenwerk Karlsruhe, Zentrum für Information
und Beratung der Universität Karlsruhe. Die Zusammenschau der Gesprächser-
gebnisse legte nahe, dass diese Aspekte bei der Campusnutzung von besonderer
Bedeutung sind. Dabei lässt sich die Ausprägung dieser Merkmale aus formalen
Kriterien wie dem Wohnort, der Staatsangehörigkeit und der Anzahl der aufzusu-
chenden Veranstaltungsorte auf dem Campus ableiten.

Jenseits dieser Merkmalsausprägungen wurde darauf geachtet, dass die Auswahl möglichst unterschiedliche Fälle enthält. Vertreten waren:

- Studierende aus allen elf Fakultäten; rein numerisch besonders gut vertreten
  waren dabei Studierende der Fachrichtungen Architektur und Wirtschaftsin-
  genieurwesen;
- in Grund- und Hauptstudienphase befindliche Studierende;
- 35 männliche und 26 weibliche Studierende;
- Studierende mit und ohne Nebenerwerbstätigkeit, unter ihnen 15 Studierende mit einer Stelle als studentische Hilfskraft;
- Studierende, die in unterschiedlichen Haushaltsformen leben (Wohnge-
  meinschaft, elterlicher Haushalt, alleine, mit Partner, mit Partner und Kind,
  Wohnheim);
- Studierende, die in studentischen Vertretungen und/oder Hochschulgruppen
  aktiv sind bzw. dort nicht aktiv sind.

Um das Verständnis des Instruments bzw. seiner Bestandteile durch die Studienteilnehmer sicherzustellen, wurden diese in einer Kick-off-Veranstaltung in die
Handhabung des Logbuchs eingewiesen und bei Bedarf während der Erhebungs-
phase betreut.

Jeder Teilnehmer erhielt für sein Engagement ein ‚Campus-Paket' (mit Kaf-
feegutscheinen, Reiseführer, Kugelschreiber, Schlüsselband etc.) und unter allen
Teilnehmenden wurden in einer Abschlussveranstaltung am Semesterende diverse
Incentives (mehrere iPods und Kopfhörer sowie ein Notebook) verlost.

2.3.2 Auswertung der Logbuchdaten

In einem ersten Auswertungsschritt wurden die Einträge in den Tagesplänen mit
den jeweiligen Wochenstundenplänen abgeglichen, um etwas über die Freiheitsgrade im Umgang mit den ‚offiziellen' Stundenplänen zu erfahren. In einem zweiten Schritt wurden die Kommentare zu den von Logbuchschreibern genutzten Räumen daraufhin analysiert, welche Aufschlüsse sie über die Motive der Nutzung
und/oder die Raumwahrnehmung während der Nutzung geben. Zur (schriftlichen)

Fixierung der Eindrücke und Interpretationen wurde daher ein Erfassungsbogen entwickelt, in dem Eckdaten zu den Studienteilnehmern und Besonderheiten ihrer dokumentierten Raumnutzung wie auch Auffälligkeiten in deren Dokumentationsweise festgehalten wurden. Dieser Bogen, der als Erfassungsraster für die Logbücher eingesetzt wurde, enthält folgende Rubriken:

- *Allgemeine Angaben*: zum Zweck der Auffindbarkeit des Originals (Logbuchnummer, codierter Name).

- *Porträt*: Zusammenfassende Beschreibung charakteristischer Tagesabläufe des jeweiligen Untersuchten sowie Angaben zu Verkehrsmittelwahl, Wohnsituation, Erwerbstätigkeit, Studiengang und Studienphase, Anzahl der wöchentlich besuchten Lehrveranstaltungen, Freizeitaktivitäten (Sport, Kultur, sonstige Hobbies; fremdorganisiert/selbstorganisiert) sowie studentischem, sozialem und/oder politischem Engagement – intendiert als Hilfsmittel zur Einzelfallanalyse. In diese Porträts wurden auch Zitate der Logbuchschreiber übernommen, die ihre spezifische Raumnutzung und/oder Raumwahrnehmung besonders deutlich auf den Punkt bringen. Diesen deskriptiv angelegten Texten wurden nachfolgend Abschnitte hinzugefügt, in denen die Interpretationen des entsprechenden Logbuchs festgehalten wurden.

- *Vergleichsmöglichkeiten mit anderen Logbüchern*: Einträge zu besonders auffälligen oder mit Blick auf die Untersuchungsfrage potentiell aufschlussreichen Äußerungen – intendiert als Hilfsmittel zum Fallvergleich. Diese Rubrik entspricht einer ‚Codierung' des Materials nach bestimmten Erlebnissen, Erfahrungen und Sachverhalten, die von verschiedenen Untersuchten übereinstimmend thematisiert werden (oder auch nicht).

- *Umgang mit Illustrationen*: In der Erfassung wurde festgehalten, ob der Schreiber Illustrationen verwendet hat und welche Form der Illustration gewählt wurde (Fotos, Zeichnungen, Collagen). Zudem wurde vermerkt, zu welchem Zweck die Illustrationen augenscheinlich eingesetzt wurden und ob sie in die Auswahl zur Bebilderung des Endberichts aufzunehmen wären.

- *Weitere Themen*: Hierunter wurden Themen notiert, die zwar dem ersten Anschein nach nichts mit der Raumnutzung oder Raumwahrnehmung zu tun haben, die den Studienteilnehmern aber wichtig genug waren, um dokumentiert zu werden. Da nicht vorab zu entscheiden war, ob und inwiefern solchen Eintragungen vielleicht dennoch eine Bedeutung zum Verstehen des Einzelfalls zukommen würde, wurden auch diese Besonderheiten schriftlich konserviert, damit sie in der weiteren Analyse nicht aus dem Blick geraten.

- *Memos*: Als Memos wurden Analyseideen festgehalten, die möglicherweise als aufschlussreiche Interpretationsfragen an nachfolgende Logbücher herangetragen werden könnten.

- *Zuordnung*: Als Ergebnis der Interpretation wurde neben der im Voraus bekannten Merkmalsausprägung zu einem späteren Zeitpunkt die vorgenommene Zuordnung des Falls zu Typen und Orientierungen auf den Erfassungsbögen eingetragen, mit deren Kombination sich der ‚individuelle Nutzer' abbilden lässt.[47]

Bei der Auswertung wurden die in die Logbücher eingefügten Bildmaterialien an entsprechender Stelle mitberücksichtigt. Vielfach finden sich in den Logbucheinträgen von den Teilnehmern beigefügte Verständnishilfen wie beispielsweise Emoticons, Smileys oder lautsprachliche Begriffe, mit deren Hilfe Belustigung, Ironie oder Ärger verdeutlicht worden sind. Diese Deutungshinweise erleichterten mitunter die unmissverständliche Einordnung von Ortsbewertungen in ähnlicher Weise wie Illustrationen.

Im Zuge der Einzelfall- und Vergleichsanalyse wurden aus dem Material heraus ‚Nutzungstypen' entwickelt.[48] Zur Archivierung der Logbücher bzw. der Interpretation wurde eine Tabelle angelegt, in der Besonderheiten[49] der Fälle, die Zugehörigkeiten zu Studiengängen und die Ausprägungen von Gruppenmerkmalen sowie Typenzuordnungen notiert wurden, um eine spätere Wiederauffindbarkeit für komparative Auswertungsschritte zu ermöglichen. Während über die Analyse der Logbücher Gruppenzugehörigkeiten zu Campusnutzertypen und Grundorientierungen der Studiengestaltung herausgearbeitet werden konnten, in denen sich individuelle Raumnutzungen und -wahrnehmungen systematisiert abbilden lassen, wurden die Ortsbewertungen in einem gesonderten Auswertungsschritt einer eingehenden Analyse unterzogen: Hierfür wurde das Datenmaterial anhand der in den Logbüchern abgefragten ‚Gesamtbetrachtungen' quer gesichtet, wobei die Rubriken ‚vorbildliche Orte', ‚Meideorte', ‚Studierverhalten' und ‚idealer Campus' jeweils einzeln ausgewertet und zu anschaulichen Orts- bzw. Raumprofilen verdichtet wurden, in denen sich eine kollektive Perspektive der untersuchten Studierenden auf ihren Campus spiegelt.

---

47   Zur Klärung der Begriffe ‚Gruppenmerkmal', ‚Typus' und ‚Orientierung' sowie zur Erklärung der dahinterstehenden Analysedimension siehe Kapitel 3 ‚Gruppen- und typenspezifische Campusnutzung'.

48   Zu verschiedenen Typenarten und zur Typenbildung vgl. Kelle/Kluge 1999, Kluge 2000, Lamnek 2005.

49   Besonderheiten meint beispielsweise spezielle Vorlieben sowie Raumnutzungs- aber auch Dokumentationsgewohnheiten der Schreiber.

Die Abbildung auf der folgenden Seite veranschaulicht zusammenfassend alle Schritte des Forschungsprozesses.

Im Rahmen dieses Prozesses konnten umfassende Einblicke in die Nutzung des Campus durch ‚seine' Studierenden gewonnen werden. Dabei zeigen sich sowohl einige merkmalsspezifische Besonderheiten als auch merkmalsunabhängige, von Typen abhängige Nutzungsmuster. Auch verschiedene Grundorientierungen hinsichtlich der Organisation des Studiums – z.B. ein auf größtmögliche Effizienz ausgerichtetes Studieren – beeinflussen die individuellen Nutzungsmuster der Studierenden. Darüber hinaus lassen sich merkmals- und typenübergreifende Campuswahrnehmungen ausmachen, die ein eindrückliches Bild davon vermitteln, wie unterschiedliche Orte am Campus bewertet werden.

Abbildung 8:   Schritte im Forschungsprozess von ‚My Campus' Karlsruhe

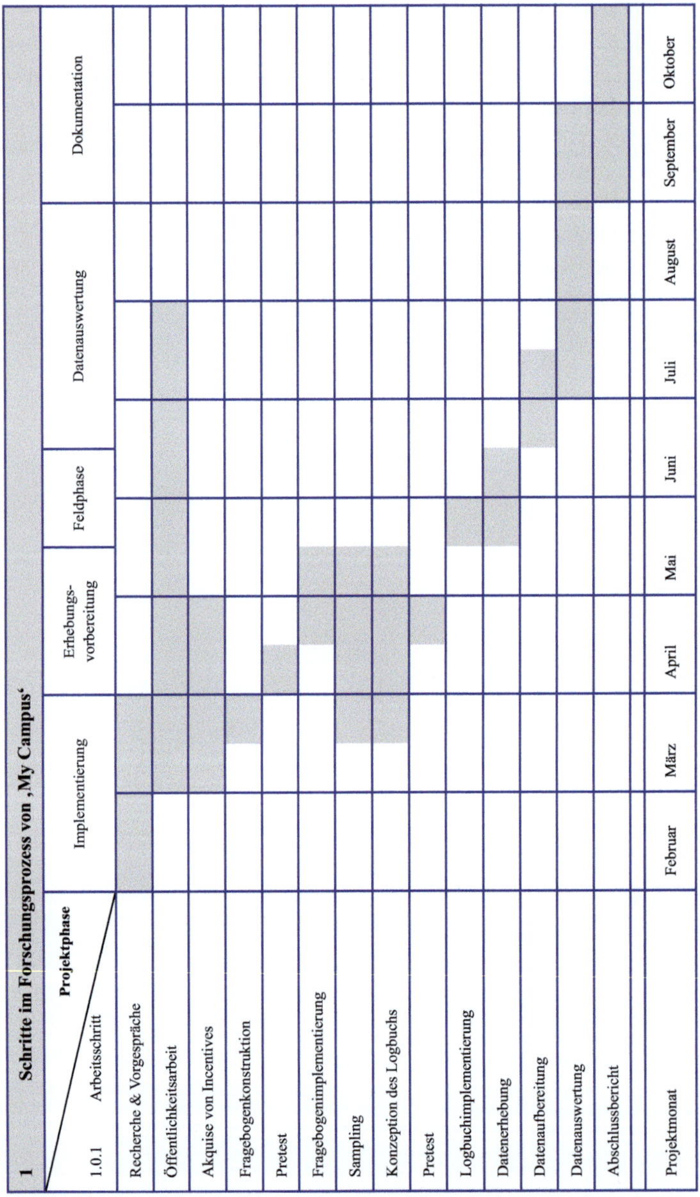

Schritte im Forschungsprozess von ‚My Campus'

Projektphase → Arbeitsschritt (1.0.1) ↓	Februar	März	April	Mai	Juni	Juli	August	September	Oktober
	Implementierung			Erhebungsvorbereitung	Feldphase		Datenauswertung		Dokumentation
Recherche & Vorgespräche	▓	▓							
Öffentlichkeitsarbeit		▓							
Akquise von Incentives			▓						
Fragebogenkonstruktion		▓	▓						
Pretest				▓					
Fragebogenimplementierung				▓					
Sampling			▓	▓					
Konzeption des Logbuchs		▓	▓						
Pretest				▓					
Logbuchimplementierung				▓					
Datenerhebung					▓				
Datenaufbereitung						▓			
Datenauswertung							▓		
Abschlussbericht								▓	▓

Projektmonat

3 My Personal Campus Karlsruhe

3.1 Gruppenspezifische Campusnutzung

Wie in Kapitel 2.3 dargelegt war ein Ertrag der ersten Datenerhebungsphase, dass bestimmte Merkmale als besonders relevant für die Art anzunehmen seien, wie der Campus der Uni Karlsruhe genutzt wird. Daher wurden die Fälle in einem ersten Schritt gesondert auf die Aspekte Inhousing, Hopping, Pendeln und Herkommen (als ausländischer Studierender) hin ausgewertet.

Dazu wurde auf der Grundlage der im Logbuch angegebenen Lehrveranstaltungsbelegung ermessen, ob die vorliegenden Fälle dem jeweiligen Stundenplan zufolge der Kategorie ‚Inhouser' oder ‚Hopper' zuzuordnen sind. Die jeweiligen Angaben dazu, an welchen Orten sich die Teilnehmer an Unitagen planmäßig eigentlich aufhalten sollten, wurden anschließend mit den tatsächlichen Tagesplänen der Studierenden verglichen.[50] Daraus wurde ersichtlich, dass Stundenpläne in vielen Fällen derart flexibel gehandhabt werden, dass sich deutliche Abweichungen zwischen den erwartbaren und den tatsächlichen Bewegungsmustern und Aufenthaltsorten ergeben. Studierende, die formal der Gruppe der Hopper zuzuordnen sind, können die Nutzung des Universitätsgeländes faktisch als Inhouser organisieren und umgekehrt.[51] Auch die Merkmale ‚Ausländer' und ‚Pendler' ergeben für sich genommen kein eindeutiges Nutzungsmuster.

Damit zeigt sich, dass die Gruppenmerkmale allein zu unterkomplex sind, um die Raumnutzung in ihrer Gesamtheit von Bewegungen, Aufenthalten, Nutzungsdauern, Ortsbewertungen, Raumwahrnehmungen und Beweggründen für die räumliche Organisation des Studiums zu begründen. Insofern liefern die Merkmale lediglich ein Ordnungssystem, anhand dessen das Verhältnis zwischen er-

---

50   Siehe dazu Beispiellogbuch im Anhang.

51   Insbesondere die kurzen Überblicke über die Gruppen der Inhouser und Hopper veranschaulichen die Spielräume, die Studierenden zur individuellen räumlichen Organisation ihres Studiums offen stehen und zeigen außerdem, dass zu einer verstehenden Rekonstruktion der Campusraumnutzung mehr Informationen einbezogen werden müssen als die in den Logbüchern dokumentierten Angaben zur Einhaltung oder Nicht-Einhaltung des semesterwöchentlichen Stundenplans. Die gewählten Gruppen sind durchaus als analytisches Hilfsmittel geeignet, um Studierende zu lokalisieren bzw. um Muster ihrer täglichen räumlichen Studiumsorganisation zu erfassen, ohne jedoch auf dieser Basis bereits die damit verbundenen Praktiken und Strategien der Raumnutzung sowie ihre Raumwahrnehmung verstehen oder erklären zu können.

wartbarer und tatsächlicher Orts- und Wegenutzung bestimmt werden kann. Quer dazu wurden in der weiteren Analyse Campusnutzertypen erkennbar – nicht nur, aber insbesondere dann, wenn die Selbsterklärungen enthaltenden Kommentare zu den Tagesplänen in die Auswertung einbezogen werden. Auch wenn die Gruppenmerkmale also allein nicht hinreichen, um Campusnutzungsmuster erschöpfend darstellen zu können, lassen sich aus dem Datenmaterial durchaus einige gruppenspezifische Besonderheiten festhalten: Es ist z.b. unschwer zu erkennen, dass Studierende, die nach Karlsruhe einpendeln, ihren Tag und insbesondere ihre Freiblöcke räumlich anders gestalten als solche, die in Campusnähe wohnen. In den nachfolgenden Teilkapiteln werden daher nun einige Spezifika der Raum-Zeit-Koordination in Bezug auf die einzelnen Gruppen vorgestellt.

3.1.1 Inhousing: Alles unter einem Dach?

Bereits in den Vorgesprächen mit Studierenden zeichnete sich ab, dass in einigen Fakultäten und Studiengängen eine Organisation der Campusaufenthalte an (nahezu) einem Ort in besonderem Maße begünstigt wird und in anderen nicht. Dabei stellen diejenigen Studierenden, die für einen Studiengang an der Fakultät für Architektur eingeschrieben sind, geradezu den Prototyp des Inhousers (21, 56, 59, 71, 76) dar: Ihr Unialltag kann sich im Wesentlichen in und zwischen den relativ nahe beieinander liegenden Gebäuden 11.40 und 20.40 sowie den benachbarten Innen- und Außenhöfen oder den angrenzenden Gastronomieangeboten abspielen. Der Wechsel von einer Lehrveranstaltung zur nächsten kann häufig innerhalb eines Gebäudes erfolgen. Zudem wird den Studierenden der Architektur im Grundstudium ein Arbeitsplatz im Übungssaal zugeteilt, der von den meisten der logbuchführenden Architekten werktags mit einer durchschnittlichen Dauer zwischen acht und vierzehn Stunden täglich genutzt wird. Dass es sich dabei um eine allgemein übliche Regelung handelt, die von Studierenden an der Fakultät für Architektur fast durchweg angenommen wird, illustriert insbesondere ein Logbucheintrag: *„Wir erledigen fast alle Arbeiten im Ü-Saal"* (59:35). Der Logbucheintrag vermittelt den Eindruck einer Selbstverständlichkeit dieser studiengangsspezifischen räumlichen Organisation des Arbeitens und Lernens, da hier die Antwort auf die Frage nach ihrem individuellen Studierverhalten in der ‚Wir-Form' vorgebracht wird.[52] In ähnlich selbstverständlicher Weise ‚ortsgebunden' stellt sich der Unialltag für Studierende der Fachrichtungen Chemie und Physik dar: Nahezu sämt-

---

52 Diese Sequenz wirft die im weiteren nicht verfolgte Frage auf, ob ein von Seiten der Studiengangsplanung als ‚inhouse-verdichtet' konzipiertes Lehrveranstaltungsangebot zur Entstehung eines studiengangsinternen ‚Wir-Gefühls' unter den Studierenden beitragen könnte.

liche für das Studium relevanten Einrichtungen – neben Hörsälen und Veranstaltungsräumen beispielsweise auch Labors oder Fachbibliotheken – finden sich in einem zusammenhängenden Gebäudekomplex. Im Falle des Chemiegebäudes ist darüber hinaus eine Cafeteria vorhanden, in der sich die Studierenden mit kleineren (warmen) Speisen versorgen können. Auch die Bereitstellung von Werkstätten und Labors für Lehrveranstaltungen oder Praktika über längere Zeiträume in anderen naturwissenschaftlichen und technischen Studiengängen ‚bindet' die Studierenden, zumindest zeitweise, an bestimmte Orte. Auch wenn nicht alle formal als Inhouser zu bezeichnenden Studierenden ihre faktische Campusnutzung rein ‚inhousig' gestalten, wird die Möglichkeit, dies prinzipiell tun zu können, positiv bewertet, und die Studierenden schätzen die Annehmlichkeit der kurzen Wege und der – sofern vorhanden – eigenen Arbeitsplätze.

3.1.2 Hopping: Ständig unterwegs?

Im Gegensatz zu den geschilderten Inhousern zeichnen sich dem Hopper zugeordnete Fälle dadurch aus, dass sie ihrem Stundenplan zufolge (eigentlich) mehrfach täglich Wege zwischen verschiedenen Campusbereichen und Gebäudekomplexen zurücklegen müssen, um die von ihnen belegten Lehrveranstaltungen zu besuchen. Lehramtsstudierende sind beispielsweise aufgrund ihrer Fächerkombinationen häufiger genötigt, im Verlauf eines Tages mehrfach verschiedene Campusbereiche aufzusuchen – und auch die Studienverlaufspläne von Wirtschaftsingenieuren sowie Geistes- und Sozialwissenschaftlern[53] scheinen zu einer erhöhten Mobilität auf dem Universitätsgelände beizutragen. Während der Pausen bewegen sie sich in Fußgänger- und Radfahrergruppen zwischen Hörsälen und Veranstaltungsgebäuden hin und her. Dementsprechend sind weite Entfernungen zwischen Veranstaltungsgebäuden das Hauptproblem der Hopper.

Normalerweise gehören Ortswechsel zu den Routinesituationen des Hopperalltags, die durch Fahrradnutzung recht gut in den Griff zu kriegen sind. Deshalb weisen Hopper gelegentlich darauf hin, dass ihr Rad ihnen das pünktliche Eintreffen zu Lehrveranstaltungen überhaupt erst ermöglicht (62, 72, 75): „Ohne Rad geht hier nichts" (72:6).[54] Dies funktioniert zumindest unter den Voraussetzungen,

---

53   Die der Fakultät für Geistes- und Sozialwissenschaften zugeordneten Institute sind über das gesamte Campusgebiet verteilt bzw. befinden sich im Falle der Institute für Allgemeine Pädagogik und Berufspädagogik auf dem Luftlinie ca. 4 km entfernten so genannten Außenstandort ‚Campus West'.

54   Siehe dazu ausführlich: Kapitel 4.1.2 ‚Mobilität: Verkehrsmittel – Verkehr – Wege'. Einzelne Hopper, die nicht das Fahrrad nutzen, wünschen sich einen Campusbus, der an zentralen Gebäuden und Orten hält. Es ist zudem bemerkenswert, dass sich Hopper anscheinend nicht über

dass Dozenten ihre Vorlesungen und Seminare nicht überziehen (70) oder dass Studierende sich in der Pause zwischen zwei Lehrveranstaltungen nicht noch verpflegen müssen.[55] Die Pausen zwischen Lehrveranstaltungen reichen jedoch kaum aus, wenn Angebote aufgesucht werden müssen, die in Gebäuden außerhalb des Campusgeländes liegen – wie beispielsweise Kurse im Sprachenzentrum (62, 63).

Abbildung 9:   Campushopping eines Logschreibers (34:24)

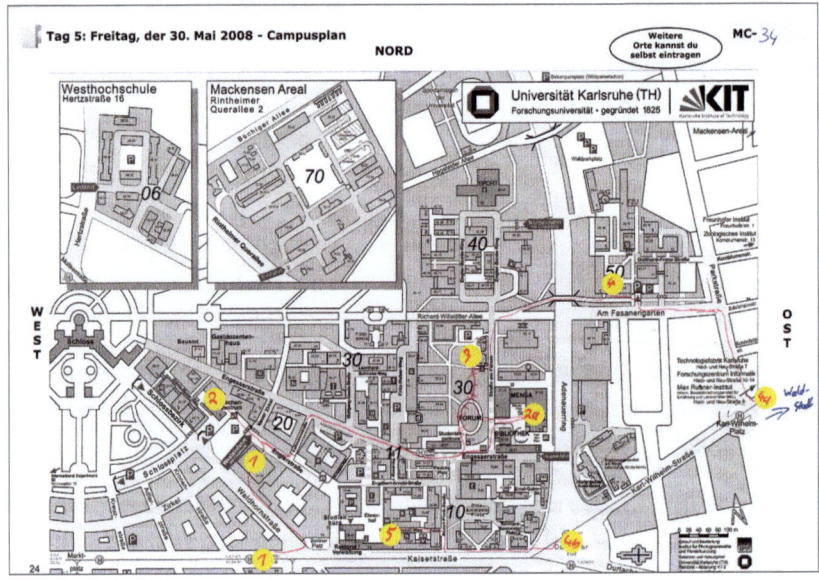

Zwei beliebte Strategien von Hoppern, um stundenplanbedingte Unannehmlichkeiten zu reduzieren, sind das Auslassen von Lehrveranstaltungen, die eigentlich be-

---

die ‚Blockade' des Mensavorplatzes aufregen, die durch massenhaft kreuz und quer parkende Fahrräder zu den Stoßzeiten den direkten Weg zum Mensaeingang versperrt – das mag mit der spezifischen ‚Eile' eines durchschnittlichen Hopper-Tages zusammenhängen, die diesbezüglich eventuell zu einem erhöhten Verständnis für die ‚Falschparker' beiträgt.

55   Manche Hopper finden hierfür kreative Lösungen: Der Schreiber von Log 37 frühstückt beispielsweise auf dem Fahrrad, wenn er es eilig hat.

sucht werden müssten (51, 54, 63, 67, 72, 75) sowie das Verteilen von jeweils wenigen Lehrveranstaltungen auf mehrere unterschiedliche Wochentage (54, 62, 63).[56]

3.1.3 Pendeln: Studium hier, Leben dort?

Manche Studierende wollen oder können ihren Heimatort – aus welchen Gründen auch immer – (noch) nicht verlassen. Sie nehmen daher lieber Anfahrtszeiten in Kauf und pendeln zwischen dem Studienort Karlsruhe und ihrem Wohnort. Dabei ist zu unterscheiden zwischen: a) Pendlern, die tagtäglich oder mehrmals wöchentlich zu unterschiedlichen Aktivitäten (Lehrveranstaltungsbesuch, Lernen, studentisches Engagement, Besuch von Freizeit- und Kulturangeboten) nach Karlsruhe anreisen[57] sowie b) ‚Wochenendpendlern‘. Letztere verfügen über einen (Zweit-) Wohnsitz oder zumindest eine regelmäßig genutzte Übernachtungsmöglichkeit in Karlsruhe, organisieren ihre Wochenpläne jedoch so, dass die Wochenenden im Heimatort verbracht werden können (37, 62, 63, 69, 77).[58] Bei einer näheren Betrachtung der Tagespläne zeigte sich, dass manche Studierende sogar zwischen mehreren Orten pendeln – im Extremfall zwischen Karlsruhe, ihrem Heimatort, dem Wohnort ihres Partners und/oder dem Ort, an dem sie ihrem Nebenjob nachgehen (23, 77, 84).

Anders als Ortsansässige oder Wochenendpendler verfügen Pendler bedingt durch ihre Anfahrtswege nur über relativ eingeschränkte Möglichkeiten, ihre Pausen und Freistunden außerhalb des Universitätsgeländes zu verbringen: Ihnen ist es z.B. nicht ohne besonderen Aufwand möglich, ‚mal eben‘ zum Mittagessen nach Hause zu gehen oder Kommilitonen zum gemeinsamen Vor- oder Nachbereiten einer Lehrveranstaltung spontan einzuladen. Insofern sind Pendler mehr als andere Studierende auf das Raumangebot der Universität angewiesen und sehen den Campus mit anderen Augen – nämlich aus der Perspektive der erfahrenen Dauernutzer, die sich mittels ‚Trial-and-Error‘ Räume für ihre besonderen Bedarfe erschlossen haben und daher um Qualitäten und Defizite von Räumlichkeiten und Freiflächen auf dem Campus wissen, die von ortsansässigen Studierenden kaum

---

56 Diese Möglichkeit ergibt sich allerdings nur für Studierende, die eine Wahl zwischen mehreren Veranstaltungen haben. Vor allem für Studierende an kleineren Fakultäten mit geringerem Lehrangebot sowie im Zuge der Umstellung auf ‚straffere‘ Bachelor-Studienpläne fällt diese Strategie mehr oder weniger gänzlich aus.

57 Diese Kategorie wird nachfolgend schlicht als Pendler bezeichnet.

58 Wie sich gezeigt hat, sind feste Partnerschaften und Beziehungen zu Freundeskreisen im Heimatort, Mitgliedschaften in Vereinen (Sport, Chor, freiwillige Feuerwehr, etc.), aber auch Versorgungsleistungen durch die Eltern (z.B. ‚bekocht‘ werden, während man im eigenen Zimmer lernt) in besonderem Maße ausschlaggebende Beweggründe für das ‚Wochenendpendeln‘.

jemals gezielt aufgesucht werden: *„ Viele Räume, um Wartezeiten effektiv nutzen zu können, ohne lange suchen zu müssen"* (84:35). Es zeigen sich aber auch große Unterschiede hinsichtlich der Dauer und der Intervalle der Campusaufenthalte ebenso wie im Hinblick auf die ‚Kreativität' in der Nutzung von Indoor- und Outdoor-Räumen und die Ortsbewertungen durch Pendler. Den typischen Pendler gibt es nicht – wohl aber einige jeweils mehr oder weniger häufig eingesetzte Strategien zur räumlichen Studiumsorganisation unter den Bedingungen des Pendelns, von denen die bedeutendste das ‚Zeitsparen' darstellt: Pendler sind in besonderem Maße darum bemüht, Anfahrtszeiten zu vermeiden bzw. ihren Stundenplan so zu organisieren und auf wenige Wochentage zu verdichten, dass sie nicht extra für eine einzige Lehrveranstaltung anreisen müssen – die Fahrt zum Campus muss sich ‚lohnen'.[59]

3.1.4 Herkommen: Integration oder Exklusion?

Während des regulären Semesterbetriebs zeigt sich der Campus Karlsruhe als ein Begegnungsort vielfältiger Kulturen, und ausländische Studierende (Bildungsinländer inklusive) prägen das Bild der typischen Karlsruher Studierendenschaft entscheidend mit.[60] Nicht nur Beobachtungsgänge auf dem Campus, sondern auch zahlreiche Vorgespräche mit Studierenden in der Projektvorbereitungsphase deuteten zunächst darauf hin, dass ausländische Studierende den Campus in spezifischer Weise nutzen. Mehrere Gesprächspartner berichteten, dass sich ausländische Kommilitonen fast rund um die Uhr auf dem Campus aufhalten, die 24-Stunden-Bibliothek dabei quasi wie ihr Wohnzimmer oder sogar als Notschlafstelle nutzen und sich mitunter als relativ hermetische Gruppen in den einzelnen Studiengängen präsentieren.

---

59 Für die Campusnutzung nicht weiter relevant, aber im Hinblick auf die so genannten Transiträume sind die Logbucheinträge der Pendler zur Mehrfachnutzung der Wege äußerst aufschlussreich. Es werden nicht nur Strecken überwunden, sondern gleichzeitig auch andere Tätigkeiten wie Einkaufen oder Essen ausgeübt. Zudem nutzen recht viele Pendler, die mit öffentlichen Verkehrsmitteln anreisen, die Fahrtzeiten zum Lesen, wobei aus den Kommentaren nicht immer hervorgeht, ob es sich bei der Lektüre um studiumsrelevante Texte handelt. Andere Pendler lernen während der Bahnfahrten oder lösen dort Übungsblätter (z.B. 54, 77). Ein ‚Extrembeispiel' ist die Umnutzung der S-Bahn als Arbeits-, Ess- und Wohnzimmer durch eine Logbuchschreiberin, die während ihrer insgesamt 220-minütigen An- und Abreisezeit Telefonate führt, lernt, Skripte durcharbeitet oder isst (54).

60 Der Anteil der ausländischen Studierenden belief sich in den vergangenen Jahren in den Statistiken der Universitätsverwaltung recht konstant auf jeweils knapp ein Viertel der gesamten Studierendenschaft – vgl. http://www.zvw.uni-karlsruhe.de/download/Koepfe_Gesamtzahl.pdf (letzter Zugriff 31.10.2009); Erhebung der Studierendenzahlen vom WS 2000/01 bis zum WS 2004/05.

Entgegen der Bemühungen, insbesondere auch ausländische Studierende für die Teilnahme an der Studie zu gewinnen, ist dieses Merkmal mit einer Gesamtzahl von nur acht Fällen in unserer Untersuchungsgruppe sehr gering vertreten.[61] Auf dieser recht dünnen Datenbasis kann folglich keine Binnendifferenzierung der Gruppe vorgenommen werden, so dass verlässliche Aussagen über die jeweiligen Campusnutzungsbesonderheiten von dauerhaft in Karlsruhe sesshaften ausländischen Studierenden einerseits sowie temporär in Karlsruhe lebenden Austauschstudierenden oder Stipendiaten andererseits getätigt werden könnten. In der Analyse der Einzelfälle sowie in einem daran anschließenden Fallvergleich hat sich darüber hinaus gezeigt, dass die ausländischen Studierenden ihrem Studiums- und Campusalltag ähnliche Relevanzkriterien wie alle anderen Studierenden zugrunde legen.

Das schließt jedoch nicht aus, dass verschiedenartige Vergemeinschaftungsformen ausländischer Studierender existieren und dass manche dieser Gruppierungen den Campus auf je eigene Arten und Weisen wahrnehmen und nutzen. Die Daten der vorliegenden Studie liefern hierfür zwar keine hinreichenden Anhaltspunkte, dennoch sollen an dieser Stelle einige Auffälligkeiten aus den von ausländischen Studierenden geführten Logbüchern erwähnt werden, die in diese Richtung weisen.

Zunächst zeigt sich, dass die vom AAA oder von den Austauschorganisationen angebotenen Sonderveranstaltungen rege frequentiert werden. Sprachkurse werden dabei ebenso in Anspruch genommen (32, 45, 52 und 71) wie Freizeitangebote – beispielsweise der Erasmus-Stammtisch (45) oder Sight-Seeing-Exkursionen in andere deutsche Städte (45 und 52). Insofern deuten diese Einträge darauf hin, dass derartige Angebote anscheinend recht gut den Bedarfen ausländischer Studierender entgegenkommen.[62]

Daneben weisen einige Untersuchte auf Wochenendbesuche durch Familienangehörige hin (32 und 52), was als Indiz dafür zu werten ist, dass die Einschrei-

---

61 Weshalb mit den Werbemaßnahmen für ‚MyCampus' und der zugehörigen Verlosung von Sachpreisen kaum ausländische Studierende angezogen worden konnten, hat sich bislang nicht erschöpfend ermitteln lassen. Hinweise von Seiten des AAA haben jedoch ergeben, dass viele der ausländischen Studierenden mindestens einer Neben- (oder auch Haupt-) Erwerbstätigkeit nachgehen und in Verbindung mit der wiederum verschiedenartig motivierten intensiven Vor- und Nachbereitung der Lehrveranstaltungen schlichtweg keine Zeit für eine (unbezahlte) Studienteilnahme finden. Grundsätzlich lässt sich vermuten, dass von den betreffenden Studierenden das auf Schriftlichkeit angelegte Instrument als Barriere empfunden wurde. All diese Gründe sprechen dafür, dass für diese Gruppe von Studierenden ggf. eine eigene, den spezifischen Bedingungen Rechnung tragende Studie konzipiert werden müsste, um belastbare Ergebnisse zu erhalten.

62 Nochmals: Aufgrund der Datenlage sind die hier dargestellten Besonderheiten allenfalls als Hinweise auf offene Fragen zu sehen, die in einer Folgestudie bearbeitet werden müssten, nicht aber als verallgemeinernde Aussagen über ‚Fakten'. In einer Folgestudie bliebe zu untersuchen, welche Angebote von unterschiedlichen ausländischen Gruppierungen besonders geschätzt werden, aber auch welche Freizeitaktivitäten oder Kurse das bestehende Angebotsspektrum aktuell vielleicht noch vermissen lässt.

bung ausländischer Studierender sich auf den Tourismus in der Region auswirkt.[63] Überhaupt lässt sich eine Tendenz feststellen, nach der ausländische Studierende die Stadt und insbesondere auch den Campus in einer touristischen Perspektive in den Blick nehmen. Qualitätskriterium ist in diesem Zusammenhang etwa die Ausstrahlung der Universität als Sehenswürdigkeit. Besonders Austauschstudierende scheinen – im Gegensatz zu ihren Kommilitonen, die dauerhaft für ein Studium nach Karlsruhe gekommen sind – die Universität auch nach ihrem Erlebniswert zu beurteilen. Gesucht wird nach einer typischen Universitätsatmosphäre (was immer auch im Einzelnen darunter verstanden wird), eventuell aber auch nach etwas, das sich von den an der jeweiligen Heimatuniversität gemachten Erfahrungen als neu oder anders abhebt.

Zufriedenheit mit der studentischen Kultur und Atmosphäre sowie der räumlichen Situation an der Universität Karlsruhe wird von den ausländischen Studienteilnehmern immer dann zum Ausdruck gebracht, wenn das Kriterium der Geselligkeit (mit-)erfüllt ist. Sie zeigen eine allgemeine Vorliebe für stark frequentierte Treffpunkte wie Schlosspark, Forum, Wohnheim HaDiKo (Hans-Dickmann-Kolleg) oder AKK (Arbeitskreis Kommunikation und Kultur), dessen Kulturangebote ebenfalls sehr positiv hervorgehoben werden. Während die deutschen Studienteilnehmer ein Essen mit Freunden in der Mensa oder zu Hause lediglich in ihren Logbucheinträgen erwähnen, betonen die ausländischen Studierenden sehr viel ausdrücklicher den Stellenwert von gemeinsamen Mahlzeiten für ein Gemeinschaftserleben. Auf die Frage nach dem optimalen Campus Karlsruhe antwortet ein ausländischer Schreiber: *„Vision: Student steht im Zentrum der Aufmerksamkeit. Ihn soll der Campus ansprechen, ein Platz des motivierten Lernens und der Ausruhe sein, ein Portal, neue Freunde zu finden und zu erreichen"* (24:35). In dieser Idealvorstellung wird Geselligkeit bzw. Freundschaft als etwas aufgezählt, für das die Universität zumindest die räumlichen Rahmenbedingungen schaffen sollte und das implizit mit den Zweckbestimmungen ‚Arbeit/Studium' sowie ‚Rekreation' gleichgesetzt wird.

Im Gegensatz zu den Logbucheinträgen deutscher Studierender findet sich in denen der ausländischen Studierenden kaum Kritik am Raummobiliar sowie an der technischen Ausstattung von Lehrveranstaltungsräumen. Bemerkenswert ist schlussendlich auch die explizite Erwähnung der meisten ausländischen Teilnehmer, am Campus überhaupt nichts auszusetzen zu haben.

---

63   Dergleichen konnte bisher nur vermutet werden. Dementsprechend würde sich eine Folgestudie eignen, um einigermaßen verlässliche Zahlen zu touristischen ‚Nebeneffekten' von Austauschprogrammen und/oder von Immatrikulationen ausländischer Studierender zu ermitteln.

3.2 Von den Gruppen zu den Typen

Bei allen formalen und raumbezogenen Vorgaben (Pflichtveranstaltungen, Teil-nahmepflicht, Angewiesenheit auf die mit dem Campus verbundene Infrastruktur wie Hörsäle, Labors, Bibliotheken etc.) zeigt sich, dass sich jedem einzelnen Stu-dierenden ein nicht unerheblicher Spielraum für die Ausgestaltung seines persön-lichen Studienalltags bietet. Dieser wird – den jeweiligen individuellen Relevan-zen entsprechend – in unterschiedlicher Weise genutzt, so dass selbst zwei Fälle mit identischem Stundenplan und gleichen ‚Arbeitsplatzbedingungen‘ (z.B. einem eigenen Arbeitsplatz in einem Übungsraum) sehr unterschiedliche Tagesabläufe aufweisen können, indem z.B. in einem Fall das Lernen gezielt nach Hause ver-lagert wird, im anderen nicht.

Gerade die Verlagerung studienbezogener Aktivitäten an den heimischen Ar-beitsplatz wird unterstützt durch die neuen Medien, die es den Studierenden erlau-ben, eine Vorlesung auch online zu verfolgen oder diese nachzubereiten, durch Zu-gangsberechtigungen und W-Lan auf Literaturdatenbanken zuzugreifen oder auch studienorganisatorische Tätigkeiten wie Terminvereinbarungen und das Nachschla-gen von Veranstaltungsinfos mittels Internet zu erledigen. Aber auch der Verkauf von Skripten als Lernmaterialien ermöglicht eine räumliche Verlagerung des Stu-dierens vom Campus nach Hause.

Diese Möglichkeiten werden von vielen Teilnehmern der Studie rege genutzt, zumal sie alle nach eigenen Angaben mit einem nahezu vollwertigen Heim-Ar-beitsplatz inklusive PC, meist auch Drucker, Scanner etc. ausgestattet sind.[64] Ein häufiges Argument für die Nutzung des Heim-Arbeitsplatzes lautet: *„Dort habe ich [...] alles parat!"* (z.B. 75:35).

Dementsprechend muss eine Studie, die nach Campusnutzungsmustern fragt, immer auch den ‚Nicht-Campus‘ im Blick haben und beachten, welche genuin stu-dienbezogenen Aktivitäten (Lehrveranstaltungsbesuch, Lernen/Arbeiten allein und in der Gruppe, Recherche, Materialbeschaffung) aus dem Campus heraus und wel-che eher freizeitorientierten Aktivitäten (Sport, Kulturveranstaltungen, ehrenamt-liches Engagement, Parties) in den Campus hinein verlagert werden.[65]

---

64 Explizit erwähnt lediglich eine Teilnehmerin, einen Internet-Anschluss auf dem Campus zu nutzen, da sie zu Hause nicht darüber verfügt (25:35). In nahezu allen übrigen Logbüchern finden sich Äußerungen zur Nutzung des heimischen Internet-Arbeitsplatzes.

65 Diesem Aspekt wurde im Untersuchungsdesign – über die Aufforderung hinaus, alle auf dem Campus erledigten Aktivitäten zu dokumentieren – durch gezielte Fragestellungen in der Gesamt-betrachtung Rechnung getragen. Zusätzliche Informationen über das Verhältnis von Aktivitäten auf dem und solchen außerhalb des Campus konnten aus den beigefügten Stadtplänen gewonnen werden, auf denen die Teilnehmer ihre ‚typischen‘ Aufenthaltsorte vermerken sollten.

Um bei all den denkbaren Möglichkeiten der Campusnutzung Muster erkennen zu können, wurden die Campusnutzungen oder eben auch Nicht-Nutzungen systematisch hinsichtlich folgender Aspekte betrachtet, die anschließend in einen Gesamtzusammenhang gebracht wurden:

1. Der individuellen Wahrnehmung von und dem individuellen Umgang mit

   a. durch formale Vorgaben strukturierten Zeiträumen (z.b. Pflichtveranstaltungen) sowie

   b. durch raumbezogene Nutzungsvorgaben eindeutig definierten Orten (z.b. das Hören einer Vorlesung in einem Hörsaal als eine den ‚eigentlichen' – also den als allgemein bekannt wie akzeptiert vorausgesetzten – Zweckbestimmungen des Ortes angepasste Nutzung. Im Gegensatz dazu stünde etwa das Lesen eines Skriptes während einer laufenden Vorlesung, da es einer Umnutzung des Hörsaals als Arbeitsplatz gleichkäme).[66]

2. Der individuellen Wahrnehmung von und dem individuellen Umgang mit

   a. *nicht* durch formale Vorgaben strukturierten Zeiträumen (z.b. Freistunden) sowie

   b. *nicht* durch Nutzungsvorgaben eindeutig definierten Orten (z.b. Gebäudefoyers, deren Zweckbestimmung häufig weniger eindeutig erkennbar ist als die von Hörsälen).

Freie Zeitphasen lassen ebenso wie unterdefinierte Räumlichkeiten und Orte nicht nur zu, sondern erzwingen, dass Studierende sie mit eigenen Bedeutungen versehen, da an sie weniger allgemeinverbindliche Verhaltenserwartungen geknüpft sind, denen entsprochen wird (oder auch nicht).

---

66   Diese Differenzierung in der Betrachtungsweise hat ihr theoretisches Fundament im Behaviour-Setting-Ansatz, der von Barker (1968) formuliert, von Goffman (insbesondere: 1973, 1974, 1983) weiterentwickelt und unlängst von Willems/Eichholz (2008: 867ff.) aufgegriffen wurde. Demnach verweisen Räume und Raummobiliar in ihrer je spezifischen Anordnung (‚Setting') immer auch auf Raumnutzungsvorgaben. Das Wissen über Zweckbestimmungen und Verhaltenserwartungen, die an konkrete Settings gekoppelt sind, kann kulturell oder aber innerhalb des Settings selber symbolisch vermittelt werden. Ein Hörsaal ist ein sehr anschauliches Beispiel für ein ‚Behaviour Setting': Bei Einführungsveranstaltungen kann Erstsemestern erklärt werden, wofür ein Hörsaal ‚gedacht' ist und was dort zu tun ist. Aber auch ohne eine solche ausdrückliche Gebrauchsanleitung signalisieren die Stuhlreihen der Zuhörerschaft, dass man sich hinsetzen soll. Bühne, Rednerpult, Leinwände und die oft arenaartige Anordnung der Sitze zeigen an, worauf die Aufmerksamkeit zu richten ist. Möglichkeiten, sich der Zweckbestimmung des Ortes zu entziehen, bleiben in einem gewissen Maße dennoch unberührt – das Setting lässt sozusagen ‚Lücken', um beispielsweise eigenen Gedanken oder Tagträumereien nachhängen zu können, solange hierbei ein ansonsten angepasstes und deshalb unauffälliges Verhalten gezeigt wird. Kulturell vermittelte Raumnutzungsspielregeln ermöglichen (also umgekehrt) dem Einzelnen überhaupt erst die heimliche Unterwanderung oder aber die offensichtliche Nichtbefolgung von an den Raum gekoppelten Verhaltenserwartungen.

Anders als das Beobachtungsverfahren ermöglicht das Instrument des Logbuchs dabei einen Nachvollzug von Raumnutzungspraktiken, der die ansonsten unsichtbaren (weil angepassten) Umnutzungsgewohnheiten der Studierenden mit einschließt: Häufig erläutern Logbuchschreiber ihre Lehrveranstaltungsbesuche in der Kommentarspalte, so dass ersichtlich wird, was Studierende tun, wenn sie den Lehrinhalten gerade nicht aufmerksam folgen und weshalb ihre Aufmerksamkeit in der entsprechenden Situation auf etwas Anderes gerichtet ist.

Nach einer Zusammenschau der möglichen Optionen ergeben sich für den Campus Karlsruhe folgende Nutzertypen:[67]

Abbildung 10: Fünf Nutzertypen des Campus Karlsruhe

	Homie	Separator	Integrator	College	Flaneur
Motto	"My home is my campus"	"My campus is my campus and my home is my home"	"My campus-home or my home-campus?!"	"My campus is my home"	"My campus is my pleasure"
Aktivitäten auf dem Campus	v.a. Informationen abholen; Studium & Verpflegung so viel wie absolut nötig	Studium; möglicherweise Erwerbstätigkeit; Verpflegung so weit nötig	Studium; Freizeit; Sonstiges – je nachdem, was gerade anfällt/ angeboten wird und welcher Ort dafür praktisch erscheint	Studium; Freizeit; Sonstiges – so viel wie möglich	Freizeit; evtl. noch studentisches Engagement
Aktivitäten außerhalb des Campus	Studium; Freizeit; Sonstiges	Freizeit; Sonstiges		Freizeit (v.a. Schlafen) und Sonstiges, sofern nicht auf Campus möglich	Studium (falls überhaupt); Freizeit; Sonstiges
Campus =	**Informationsort**	**Arbeitsort**	**Arbeitsort und Lebensraum**	**Lebensraum**	**Freizeitort**

Dabei umfasst das Spektrum der Aktivitäten folgende Dimensionen:

Studium

- Lehrveranstaltungsbesuch (Vorlesung, Tutorium, Übung etc.)
- Klausurvorbereitung (,lernen')

---

67 Die hier dargestellten Typen verstehen sich als am empirischen Material gewonnen Typen, die allerdings nicht den Abstraktionsgrad von Idealtypen im Schützschen Sinne aufweisen.

- Lehrveranstaltungsvor- und nachbereitung (Lesen, Übungsblätter machen etc.)
- Studienorganisation (Drucken, Kopieren, Skript kaufen, Sprechstunden-Termine vereinbaren und wahrnehmen, Recherche, Ausleihe etc.)

Freizeit

- Verpflegung (Einkaufen & Shoppen)
- Rekreation (Schlaf, Ruhe, Entspannung, ‚Chillen' etc.)
- Unternehmungen & Hobbies (Sport, Musik, Kunst, Parties etc.)
- Geselligkeit (Freunde treffen, Spieleabend, Privatparties)

Sonstiges

- Wege (zu Fuß, mit Rad, ÖPNV etc.)
- Arbeit/Job (Hiwi-Stelle, Nebenjob etc.)
- Studentisches Engagement (Fachschaftsarbeit, Hochschulgruppen-Arbeit etc.)
- Verschiedenes[68] (Amtsgänge, Arztbesuche, Krankengymnastik etc.)

Zusammenfassend lässt sich festhalten, dass fünf unterschiedliche Campusnutzer-Typen ausgemacht wurden: 1. der *Homie*, für den der Campus einen Ort darstellt, an dem er sich überwiegend Informationen beschafft, die er zu Hause in Ruhe verarbeitet; 2. der *Separator*, der den Campus als reinen Arbeitsort wahrnimmt und der Studium und Freizeit auch räumlich strikt voneinander trennt; 3. der *Integrator*, der Studium und Freizeit sowohl auf dem Campus als auch außerhalb des Campus miteinander vermischt und für den der Campus einen Teil-Bereich seines Lebens darstellt; 4. der *Collegetyp*, der auf dem Campus mehr oder weniger zu Hause ist und sein gesamtes Leben dort gestaltet und 5. der *Flaneur*, für den der Campus einen Freizeitort darstellt, zu dem er kommt, um ‚Universitätsflair' und ‚studentisches Lebensgefühl' zu genießen.

Im Folgenden werden die fünf Typen einzeln vorgestellt.

---

68   Unter dieser Rubrik wurden solche Tätigkeiten zusammengefasst, die zwar generell einen Platz in der Alltagsgestaltung einnehmen, jedoch nicht direkt auf das Studieren bezogen sind. Sie sind in den Logbüchern nur marginal dokumentiert und werden lediglich zugunsten einer Vollständigkeit des Aktivitäten-Spektrums aufgeführt.

3.2.1 Homie: Willkommen zu Hause

Ein typischer Tag sieht folgendermaßen aus:

Zeit (von - bis)	Aktivität	Beteiligte Alleine/ Gruppe/ Anzahl	Ort	Weg Verkehrsmittel/ Dauer	Erläuterung zu Weg und Ort
Ca. 5.30	1) Schlafen gegangen	alleine	Zu Hause	---	Hab ewig vorm Rechner gesessen und so lange für mein Praktikum programmiert, bis das blöde Programm dann endlich mal funktioniert hat!
10.30-11.45	2) Aufstehen, frühstücken, Internet	alleine	Zu Hause	---	Nebenher E-Mails für Hochschulgruppe beantwortet und Bücherfernleihen aufgegeben
11.45-11.55	3) Weg zum Campus	alleine	WG - Campus	Rad (10 min.)	Unterwegs am Geldautomat angehalten
12.00-12.20	4) Bücher kopiert	alleine	Kopierladen	---	Leihfristende...
12.20-12.25	5) Weg zur Bib	alleine	Copy - Bib	Rad (5 min.)	
12.25-12.35	6) Bücher abgeben	alleine	Bib	---	Endlich ist mein Rucksack nicht mehr so voll!
12.35-12.45	7) Weg nach Hause	alleine	Bib - WG	Rad (10 min.)	
12.45-14.30	8) Kopien abheften, Text lesen, lernen	alleine	Zu Hause	---	Ordnung muss sein J
14.30-14.45	9) Weg zur Freundin	alleine	WG - Wohnheim	Rad (15 min.)	
14.45-16.00	10) Mittagessen mit Freundin	2	Wohnheim	---	Dabei ferngesehen
16.00-16.10	11) Weg zum Campus	2	Wohnheim - Campus	Rad (10 min.)	Früher losgefahren, weil meine Freundin noch kurz zur Fachschaft muss
16.15-17.10	12) Sprechstundentermin um 16.20	2	Gebäude XY Büro von...	---	Prof verquatscht sich natürlich mal wieder, so dass ich erst um 17.00 drankomm. Ich könnte ausrasten!!! L
17.10-17.15	13) Weg zum Audimax	2	s.o. - Hörsaal XY	Rad (5 min.)	Zu spät, aber trotzdem noch einen guten Platz gefunden
17.15-18.30	14) Vorlesung	2 + 230	Hörsaal	---	Die Stühle sind auf Dauer echt unbequem. Ich wäre viel konzentrierter, wenn ich mir die Vorlesung zu Hause auf meinem Rechner ansehen könnte...
18.30-18.35	15) Nachhauseweg	2	Hörsaal - WG	Rad (10 min.)	
18.35-20.30	16) Lernen mit Freundin	2	WG	---	Vorlesungsmitschriften verglichen und ergänzt. Meiner Freundin ein paar Sachen erklärt, die sie in der Vorlesung nicht auf Anhieb verstanden hat
20.30-20.45	17) Weg zur Arbeit	alleine	WG - Bar	Zu Fuß	
20.45-01.00	18) Arbeiten	1 + 40	Bar	---	Gekellnert und zwischendurch kostenlos zu Abend gegessen. Praktisch, wenn man in der Kneipe um die Ecke arbeitet J
01.00-01.05	19) Weg nach Hause	alleine	Bar - WG	Zu Fuß	
01.05-01.45	20) Zu Bett gehen	2	WG		Freundin schläft schon. Ich schaue zum Abschalten nachts immer noch kurz TV und gehe danach auch ins Bett

Steckbrief

Mein Motto: My home is my campus!

Für mich muss... das Studium ortsungebunden organisiert werden können.

Der Campus ist für mich... ein Informationsort.

Für mein Studium... erledige ich fast alles daheim. Auf dem Campus trifft man mich eher selten. Wenn ich es vermeiden kann, besuche ich Lehrveranstaltun-

»Bringst Du mir die Vorlesungsunterlagen nachher vorbei? Jaja, sicher werde ich mir die Vorlesung später online ansehen«

gen nicht, sondern besorge mir die Begleitmaterialien und bearbeite diese ungestört in meinen eigenen vier Wänden, denn dort habe ich Ruhe, meinen leistungsstarken Computer, ausreichend Platz an meinem großen Schreibtisch und alle wichtigen Bücher oder Unterlagen. Ich kann am besten konzentriert arbeiten und lernen, wenn meine Familie oder meine Mitbewohner nur eine Tür weit entfernt sind und wenn ich zwischendurch in die Küche gehen kann, um mir einen Tee zu kochen.

Ich wohne... in Campusnähe oder außerhalb. Die Hauptsache ist für mich, dass die Beschaffung von Büchern, Skripten und Infos vom Campus dadurch nicht zu umständlich wird.

Ich arbeite... am liebsten daheim, weil ich mich dort am besten konzentrieren und mir die Zeiten selber aussuchen oder einteilen kann. Ansonsten nehme ich gern Jobs in meiner Wohngegend an, damit ich nach der Arbeit schnell wieder nach Hause komme.

In meiner Freizeit... treibe ich Sport, treffe mich mit Freunden, widme mich meinen Hobbies. Ich nutze auch Angebote auf dem Campus wie das studentische Café, wenn meine Freunde auch dorthin gehen, oder Unisportkurse, wenn Qualität und Preis mich überzeugen können.

Mein Fortbewegungsmittel... puh, weiß nicht... das kommt darauf an, was ich vorhabe und wie ich dort am besten hin und auch wieder weg komme.

Ich verpflege mich... meistens zu Hause. Kochen mit meinen Mitbewohnern oder Essen bei Oma finde ich klasse. Notfalls tut's auch mal ein Brötchen aus der Unicafeteria oder ein Döner vom Kronenplatz.

Die Stadt nutze ich... in meiner Freizeit und für Einkäufe, die sich mit meinen täglichen Wegen verbinden lassen.
Am Campus finde ich besonders gut... 1. Online-Vorlesungen und Seminare, die auch online ‚besucht' werden können; 2. den 24h-Service der Bibliothek; 3. die Skriptenverkaufsstelle. Diese Services ermöglichen mir, fast jederzeit und überall auf Materialien zuzugreifen und zu studieren.
Ich ärgere mich hingegen... immer wieder darüber, dass manche Dozenten von mir verlangen, dass ich persönlich in ihrer Sprechstunde erscheinen soll, um eine Seminararbeit oder ein Klausurergebnis zu besprechen. Solche Sachen lassen sich doch auch per E-Mail regeln: In der verschwendeten Zeit könnte ich schon ein Übungsblatt gelöst haben.
Mein idealer Campus... 1. ist ein Internet-Campus; 2. verfügt über eine komplett digitalisierte Bibliothek; 3. Na ja,... Freunde treffen an der Forumswiese oder im Café macht schon Spaß. Ganz darauf zu verzichten käme für mich auch nicht in Frage.

Die Homies des Campus Karlsruhe

Der Homie organisiert seinen Unialltag fast wie ein Student im Fernstudium: Den Campus sucht er normalerweise nur dann auf, wenn es sich gar nicht vermeiden lässt, weil er Pflichtveranstaltungen besuchen, Prüfungen absolvieren oder Praktika ableisten muss (32, 34, 47, 48, 54, 63, 69, 76, 78). Das bedeutet jedoch nicht, dass der Homie als ‚faul' zu bezeichnen wäre oder dass er sein Studium vernachlässigen würde. Vielmehr schätzt er die Vorzüge des heimischen Schreibtisches bzw. der Lern- und Arbeitsatmosphäre seines Zuhauses, die ihm der Campus anscheinend nicht in gleichwertiger Art zu bieten vermag. Diese Präferenz scheint – neben der Möglichkeit einer zeitlich unbegrenzten wie tageszeitunabhängigen Nutzung – der wesentliche Grund für das Heimstudium zu sein, der in den Logbüchern nicht weitergehend begründet wird.[69] Oft verbringt der Homie lange Zeitstrecken damit, zu Hause zu lernen oder zu arbeiten (32, 34, 63, 76). Hierfür benötigt er Online-Zugriff auf Austauschplattformen und Homepages der Universität. Sofern nicht alle notwendigen Materialien und Informationen online beschafft werden können, nutzt der Homie den Campus als ‚Info-Abhol-Station' (besonders:

---

69 Lediglich zu vermuten wäre, dass beispielsweise alleinerziehende Eltern die räumliche Organisation ihres Studiums ebenfalls wie ein Homie gestalten würden. Dergleichen ist aus dem vorliegenden Datenmaterial jedoch nicht rekonstruierbar.

34 und 47).[70] Daneben zeigen einige Studierende des Homie-Typs eine Vorliebe für flexible Tutorien oder Blockveranstaltungen, die ihnen eine zeitliche Verdichtung ihrer Aktivitäten auf dem Campus ermöglichen, wodurch wiederum mehr Stunden am Stück zu Hause verbracht werden können. Sogar das Vorhandensein eines eigenen Arbeitsplatzes auf dem Campus, beispielsweise im Übungssaal des Architekturgebäudes oder im Rahmen eines Mentorenprogramms, trägt kaum in nennenswertem Maße dazu bei, dass ein Homie merklich häufiger auf dem Universitätsgelände lernen oder arbeiten würde (48, 76). Eine Schreiberin merkt zu solch privilegierenden Raumangeboten empathisch an: *„Den Luxus haben andere leider nicht"* (48:31). Obwohl sie sich ihrer vorteilhaften Lage gegenüber anderen Studierenden bewusst ist, wird der zugeteilte Arbeitsplatz dennoch selten genutzt.

Neben einer besseren Ausstattung und mehr Ruhe am Arbeitsplatz zu Hause wird die Option einer *„sinnvollen"* (63:35) Nutzung von Lern- und Arbeitspausen als Vorzug der Heimarbeit genannt. Wenngleich nicht explizit, sondern eher in den dokumentierten Tagesabläufen, lässt sich in einigen Logbüchern erkennen, dass mit ,sinnvoller Pausengestaltung' Haushaltsführung, Unterhaltungen mit Mitbewohnern, Entspannungsphasen oder Internetsurfen gemeint sein kann (32, 34, 63). Zwei Schreiber zeigen mit ihren Logbucheinträgen zudem die Gewohnheit an, häufiger zwischen verschiedenen konzentrationsintensiven Aufgaben zu wechseln (32, 34) – z.B. zwei Stunden Beschäftigung mit dem Hiwijob, eine Stunde lesen, zwei Stunden lernen und/oder zwei Stunden programmieren – jeweils aufgelockert durch Fernsehen, die Lektüre von Unterhaltungsliteratur, Gespräche mit Mitbewohnern und/oder Einkaufen in Wohnungsnähe. Diese Zeiteinteilung ist zwar weniger als Typusmerkmal zu bewerten, sondern wahrscheinlich eher auf die jeweils individuelle Konzentrationsfähigkeit und erreichbare Aufmerksamkeitsspannen der beiden Untersuchten zurückzuführen, trotzdem ist festzuhalten, dass die homietypische Studiumsorganisation die Möglichkeiten einer solchen abwechslungsreichen Gestaltung von Arbeitsphasen zumindest begünstigt.

Darüber hinaus zeigt der Homie auch eine Vorliebe für seine eigene Küche (32, 34, 47, 63, 76, 78): Verpflegungsangebote auf dem Campus oder in Campusnähe werden zumeist nur dann genutzt, wenn sich ein längerer Campusaufenthalt nicht vermeiden lässt oder wenn sich die Idee, gemeinsam mit Kommilitonen Es-

---

70   Die Schreiberin von Logbuch 76 organisiert auch ihren Job als studentische Hilfskraft nach Homie-Art: Selbst an Tagen, an denen sie ins Büro geht, holt sie dort meistens nur Arbeitsaufträge ab, die sie unmittelbar danach oder später zu Hause erledigt. Dies ist weder auf eine räumliche Unterausstattung des Büros noch auf Differenzen mit Arbeitskollegen zurückzuführen, mit denen sich die Schreiberin allem Anschein nach sogar sehr gut versteht. Gelegentlich geht sie im Anschluss an ihre Bürobesuche mit der Kollegenschaft Essen und betont, dass sie ihre Hilfskraftstelle und ihr Büro mag. Ähnlich ortsungebunden und zeitflexibel jobbt auch die Schreiberin von Logbuch 63.

sen zu gehen, im Anschluss an eine Lehrveranstaltung spontan ergibt (32, 76). Zwei Schreiber dokumentieren in diesem Zusammenhang ihre Angewohnheit, regelmäßig beim Essen fernzusehen, was als ein möglicher Grund für ihre Vorliebe gesehen werden kann, zu den Mahlzeiten nach Hause zu fahren (32, 34).

Mitunter ist der Campus aber auch für den Homie ein ‚Treffpunkt' – etwa dann, wenn für Gruppenarbeiten Absprachen mit Kommilitonen getroffen werden müssen (48, 69, 76). Obwohl der Homie die Universität vor allem als Stätte der Lehre betrachtet, kann aus seiner Sicht durchaus auch Geselligkeit auf dem Campus stattfinden (32, 63, 76). Der Campus wird vom Homie in erster Linie dann gemieden, wenn es um Belange des Studierens geht – für Unisport (32) oder für studentisches Engagement (63) sucht auch der Homie den Campus (gezielt) auf, ohne seine Aufenthalte negativ zu kommentieren. Überhaupt ist zwischen den spezifischen Raumvorlieben des Homies und einem als ‚defizitär' empfundenen Raumangebot auf dem Campus kein kausaler Zusammenhang erkennbar – eher ist das Gegenteil der Fall: Lediglich die Schreiberin von Log 69 berichtet mehrfach von unangenehmen Nutzungserfahrungen. Mehrheitlich wird der heimische Arbeitsplatz jedoch schlichtweg als besser bewertet, sofern sich in den Logbucheinträgen nicht eine neutrale (48, 54, 63, 76, 78) oder gar ausgesprochen positive Sicht auf den Campus spiegelt, z.B.: *„Hier könnte man auch seine Wochenenden verbringen"* (47:57) oder *„ich mag diesen Campus"* (32:15). Insofern zeigen sich in der Campuswahrnehmung und -bewertung des Homies insgesamt kaum Unterschiede zu den anderen Typen. Seine Campus(nicht)nutzung hingegen ist speziell.

3 My Personal Campus Karlsruhe

3.2.2 Separator: Rendezvous nach Ladenschluss

Ein typischer Tag sieht folgendermaßen aus:

Zeit (von - bis)	Aktivität	Beteiligte Alleine/ Gruppe/ Anzahl	Ort	Weg Verkehrsmittel/ Dauer	Erläuterung zu Weg und Ort
6.15-7.15	1) Aufstehen, fertigmachen, frühstücken	alleine	Zu Hause	---	Wird ein langer Tag! Gut, dass ich gestern früh schlafen gegangen bin!
7.15-7.55	2) Weg zur Uni, zum Audimax	alleine		Bahn, Fahrrad (40 min.)	Mit der Bahn zum Kronenplatz – dort Fahrrad abgeholt...
7.55-9.30	3) Vorlesung	alleine + ca. 180	Audimax		Schonmal Platz gesucht und Zeitung gelesen. Der Prof kommt eh meist zu spät!
9.30-9.40	4) Weg zur Bib	alleine	Audimax - Mensa - Bib	Fahrrad (10 min.)	Auf dem Weg zur Bib schnell noch an der Mensa Kaffee gekauft
9.40-10.00	5) www-Recherche und Literatur kopiert	alleine	24h-Bib		
10.00-11.30	6) Lesen und Übungsblatt	alleine	24h-Bib		Ganz schön warm hier heute. In der Sauna könnte ich mich vielleicht sogar besser konzentrieren J
11.30-13.00	7) Vorlesung	alleine + ca. 250	Audimax	Fahrrad (1 min.)	Mein Sitznachbar spielt Tetris im Internet – das kann man doch zu Hause machen!
13.00-13.50	8) Mittagessen	alleine	Mensa	Fahrrad (2 min.)	Nach langer Wartezeit vor der Essensausgabe endlich einen Platz gefunden, an dem ich nebenher mein Übungsblatt fertigmachen kann
13.50-14.00	9) Weg von der Mensa zu 11.40	alleine	Mensa - 11.40	Fahrrad (10 min.)	Unterwegs Übungsblatt abgegeben
14.00-16.30	10) Hiwijob	alleine	11.40		Wollte eigentlich nur 2 Stunden arbeiten, aber es war zu viel zu tun. Hab deshalb lieber meinen Auftrag schnell noch fertig gemacht, weil ich keine Lust habe, das zu Hause machen zu müssen!!!
16.30-16.40	11) Weg von 11.40 zu Bib	alleine	11.40 - Bib	Fahrrad (10 min.)	Schönes Wetter! Vorm Café ist die Hölle los: Kein Durchkommen!
16.40-18.30	12) für Klausur gelernt	alleine	24h-Bib		Um die Uhrzeit ist es zum Glück einfacher einen Platz zu finden
18.30-18.55	13) Nachhauseweg	alleine	Bib – Kronenplatz - Wohnung	Fahrrad, Bahn (25 min.)	Endlich Feierabend! Fahrrad am Kronenplatz abgestellt und ausnahmsweise die schnellere Bahnverbindung erwischt
19.00-20.00	14) Kochen mit Freundin	2	Wohnung		Essen, quatschen, abschalten...
20.00-20.30	15) Weg zum Training	2	Wohnung - Fitnessstudio	Auto (30 min.)	Unterwegs telefoniert: Für morgen Abend Verabredung zum Kino klargemacht
20.30-22.30	16) Training	2 + 15	Fitnessstudio		Ausdauer und Tae-Bo! Merke jetzt bitterlich, dass ich den ganzen Tag rumgesessen habe (*aua*). Guter Ausgleich zum Unialltag!
22.30-23.00	17) Weg nach Hause	alleine	Fitnessstudio - Wohnung	Auto (30 min.)	Freundin geht mit unserer Clique noch was trinken, aber ich bin zu müde
23.00	18) Schlafengehen	alleine	Wohnung		Vielleicht lasse ich die Übung morgen früh ausfallen und schlafe einfach mal aus!!!

Steckbrief

Mein Motto: My campus is my campus and my home is my home!

Für mich muss... eine klare Grenze zwischen Studium und Freizeit bestehen.

Der Campus ist für mich... ein Arbeits- und Lernort.

Für mein Studium... erledige ich so gut wie alles auf dem Campus. Deshalb trifft man mich hier entweder mit meinem Laptop in der Bibliothek oder in Lehr-

»Geschafft! Und jetzt ein wohlverdientes Feierabendbier mit Freunden«

veranstaltungen. Während manche in den Pausen lieber auf dem Forum relaxen, setze ich mich gerne ins Foyer, um alleine oder mit Kommilitonen Übungsblätter zu machen oder Texte zu lesen.

Ich wohne... lieber nicht im Studentenwohnheim, wo alle sowieso ständig über ihr Studium reden. Zum Abschalten von der Uni ziehe ich mich in meine eigenen vier Wände zurück.

Ich arbeite... an bestimmten Wochentagen zu festen Arbeitszeiten. Ich vermeide es möglichst, Überstunden zu machen oder Arbeit mit nach Hause zu nehmen.

In meiner Freizeit... suche ich nach Ausgleich zum arbeitsintensiven Unialltag: Sport, Parties und Chillen mit Freunden außerhalb des Campus sind für mich die ideale Zerstreuung.

Mein Fortbewegungsmittel... spielt keine besondere Rolle. Ich muss halt irgendwie dorthin kommen, wo ich hin möchte.

Ich verpflege mich... auf dem Campus zwischendurch in der Mensa oder der Cafeteria. Am Feierabend esse ich gerne zu Hause und mit Freunden.

Die Stadt nutze ich... in meiner Freizeit und für Einkäufe, die sich mit meinen täglichen Wegen verbinden lassen.

Am Campus finde ich besonders gut... 1. das Foyer in unserem Gebäude, wo ich in den Pausen meine Übungsblätter bearbeiten und mir nebenbei noch einen Kaffee aus dem Automaten ziehen kann; 2. die Uni-Bib – sofern es freie Arbeitsplätze gibt: Dort kann ich meinen Laptop anschließen und auch mal größere Ar-

beiten schreiben; 3. Vorlesungen, zu denen auch Tutorien angeboten werden, so
dass ich mich nicht allein zu Hause hinsetzen muss, um den Stoff zu verstehen.
Ich ärgere mich hingegen... wenn ich keinen Platz in der Bibliothek bekomme
oder die Lernatmosphäre dort durch Geräusche gestört wird.
Mein idealer Campus... 1. bietet mir ausreichend ruhige Arbeitsplätze mit W-
Lan-Empfang und Steckdose; 2. perfekt ausgestattete Plätze, wo ich alles finde, was ich zum Arbeiten sonst noch brauche (Drucker, Locher, Heftgerät etc.);
3. Arbeitsräume, in denen man in Pausen oder unerwarteten Freistunden mit ein
paar Leuten was für die Uni besprechen kann.

Die Separator des Campus Karlsruhe

Separator sein bedeutet nicht, sich im Sinne eines Einzelgängers von anderen zu
separieren: Der Studienalltag kann sehr wohl kollegial gestaltet werden. Für den
Typus Separator hat stattdessen die strikte Trennung von Studium bzw. Arbeit (einerseits) und Freizeit bzw. Privatleben (andererseits) oberste Priorität. Diese Trennung dokumentiert sich überdeutlich in der räumlichen Praxis. Studienbezogene
Aufgaben werden allein oder gemeinsam mit Kommilitonen nahezu ausschließlich auf dem Campus erledigt, nicht zuletzt um über einen eindeutig erkennbaren Feierabend verfügen zu können. So erklärt beispielsweise ein Separator: *„Eigentlich mache ich nur außerhalb vom Campus was, wenn mir etwas einfällt, was
ich sonst vergessen würde. Versuche, wenn ich aus der Bib komme, von der Uni
abzuschalten und mein Leben außerhalb vom Campus zu genießen"* (73:35; ähnlich: Logs 45 und 61). Studieren ist für den Separator nicht zwangsweise etwas
Lästiges, aber auf jeden Fall etwas, das mit einer gewissen Ernsthaftigkeit assoziiert und auch betrieben werden sollte. Während seiner Aufenthalte auf dem Campus versucht der Separator, alle studienbezogenen Aufgaben zu erledigen, um
sich mit dem Verlassen dieses Ortes seinen Freizeitaktivitäten zuwenden zu können, die als eine Art Selbstbelohnung für das Geleistete empfunden werden. Andere Campusnutzer-Typen verbinden beispielsweise eine Mahlzeit zu Hause mit
dem Lesen von Skripten oder mit Internetrecherchen für Seminaraufgaben: Dergleichen ist für den Separator aus Prinzip ein absolutes ‚No-Go'. Daher äußern
sich Studierende des Typus Separator auch verärgert über schlecht funktionierende PCs und Drucker im Rechenzentrum oder in der Bibliothek (45:11, 19, 34) sowie über einen Mangel an ruhigen Arbeitsplätzen in den Bibliotheken und in den
Veranstaltungsgebäuden (61:14, 34 sowie Log 84), denn ebensolche Ausstattungs-
mängel und Raumdefizite führen nämlich aus Separator-Sicht dazu, dass Arbeiten
nicht innerhalb der Zeitspanne des Campusaufenthalts fertig gestellt werden kön-

nen und deshalb mit nach Hause genommen werden müssen.[71] Der Feierabend ist
dem Separator sozusagen heilig und wird als etwas betrachtet, was man sich nach
der Arbeit verdient hat und auf das man keinesfalls verzichten möchte. Dementsprechend ist der Separator dankbar für alle Einrichtungen auf dem Campus, die
ihm die konzentrierte und vollständige Bearbeitung seines aktuellen Arbeitspen-
sums vor Ort ermöglichen.[72] Studierende des Separator-Typs, die eine Hiwi-Stelle haben, erledigen beispielsweise durchaus gerne studiumsbezogene Dinge wie
Literaturrecherchen, Fernleihebestellungen, Vormerkungen etc. am Arbeitsplatz,
um zu Hause nichts mehr arbeiten zu müssen.

Sich den Separator bildlich als hektisch-dauerbeschäftigte Ameise auf dem
Campus vorzustellen, die diesen allein nach funktionalen Gesichtspunkten betrachtet, würde jedoch zu kurz greifen. Auch der Separator hat eine Antenne zur sprich-
wörtlichen ‚Ortung‘ der Vorzüge, die das Arbeiten und Lernen auf dem Campus zu
einer lockeren und angenehmen Angelegenheit machen können: *„Steintisch-Ron-
dell: Sonne, aber trotzdem eine leichte Brise. Fühlte sich, obwohl man was lernte,
wie in der Freizeit an"* (84:15). *„»Biergarten«: guter Ort zum entspannt Arbeiten"* (75:23).[73] Diese Einträge verweisen darauf, dass es dem Separator bei seinen
Campusaufenthalten ebenfalls um die Verbindung des Nützlichen mit dem Angenehmen gehen kann. Oft werden für die eigene Campusnutzung allerdings ‚ein-
seitige‘, lediglich auf Vergnügung fokussierte Beschäftigungen abgelehnt.[74] Die
Separierung des Studiums vom Privatleben durch die Erledigung möglichst aller
Studienaufgaben auf dem Universitätsgelände (bzw. von Arbeitsaufträgen am Arbeitsplatz) sowie durch die gezielte Vermeidung von Heimarbeit sind nicht grundsätzlich als Ausdruck einer Freizeitorientierung zu lesen, in deren Folge dem Stu-

---

71   Durch die Lage der Universität ergeben sich Ausweichmöglichkeiten, die von (einfallsreichen)
     Separator genutzt werden, um das Zuhauselernen zu vermeiden: *„Ich mache am liebsten meine
     Arbeit in der Uni, weil dann bin ich ganz frei, wann ich nach Hause komme. Die Bibliothek
     ist gut, aber wenn es zu viele Leute sind und es zu warm ist, lerne ich lieber in der Badischen
     Landesbibliothek (für die Prüfungen)"* (45:35). Ähnliche Ausweichstrategien werden in Log
     61 beschrieben.

72   Wenn räumliche Bedingungen diesem Anspruch entsprechen, vermerken Separator dies als positive
     Ereignisse in ihren Logbüchern: *„Bibliothek am Anfang schön leer und es war angenehm ruhig,
     das ist die ideale Voraussetzung zum wirksamen Lernen"* (84:37). Hieran zeigt sich auch ein
     Anspruch an atmosphärische Rahmenbedingungen des Lernens, die über ein bloßes Raumangebot
     hinausgehen – Lernen soll wirksam sein, wofür Lernumgebungen zu Lernerfolgen beitragen
     sollen (siehe auch: Kapitel 4.2 ‚Studentische Wahrnehmung und Bewertung des Campus‘).

73   Das Lernen oder Arbeiten in der Mensa oder Cafeteria kann aber auch als Notlösung problema-
     tisiert werden, wie z.B. (mehrfach) in Log 84, da die geräuschvolle Betriebsamkeit dieser Orte
     als Beeinträchtigung der Konzentration empfunden werden kann. Wenn eine solche Beeinträch-
     tigung entgegen der Erwartung nicht eintritt, so wird dies positiv vermerkt – etwa: *„man konnte
     nebenher noch gut lernen"* (84:23).

74   *„Bin zum arbeiten hier, nicht zum Party machen"* (84:34).

dium weniger Relevanz beigemessen wäre als dem Privatleben: In dieser Praxis kann sich ebenso der Versuch zeigen, das Studium ernsthaft, ehrgeizig und zielstrebig zu verfolgen – viele Studierende des Separator-Typs gehen anscheinend davon aus, dass eine ausgewogene ‚Work-Life-Balance' Grundvoraussetzung für ein erfolgreiches Studium ist. Das Gelingen dieser Balance macht der Separator wiederum üblicherweise von einer straffen Organisation bzw. von der Einhaltung klar strukturierter Tagespläne abhängig.[75] Diese Idee spiegelt sich zudem in der Vorliebe dieses Typs für Sport, der als Kompensationsaktivität zu einem kopflastigen und bewegungsarmen Studienalltag thematisiert wird: *„Sport tut als Ausgleich einfach so gut"* (73:14; ähnlich 73:40, 73:53 sowie 45 und 61).[76]

Das Lernen oder Arbeiten zu Hause wird nicht nur als Eindringen von Pflichten in einen ansonsten der Rekreation vorbehaltenen Lebensbereich empfunden. Umgekehrt wird auch die Ko-Präsenz anderer Lernender in Campusräumlichkeiten als Ressource der Motivation geschätzt. In einigen Logbüchern findet sich zudem der Hinweis, dass beim Lernen zu Hause mit Ablenkungen zu rechnen ist – etwa durch Mitbewohner, durch die Attraktivität der dort verfügbaren Unterhaltungselektronik oder durch die Notwendigkeit, den eigenen Haushalt instand zu halten (z.B. 61:56). Das Lernen auf dem Campus wird gelegentlich als ein Mittel genannt, mit dem sich ein Mangel an Selbstdisziplin ausgleichen lässt. In einem Fall wird Überraschung geäußert, dass das Zuhauselernen entgegen der bisherigen Annahme dann doch ganz gut funktioniert und sie sich nicht zu einem netten Plausch mit ihrer Mitbewohnerin hinreißen lässt: *„Lernen mit Teepausen […] Klappt sehr gut: meine Mitbewohnerin arbeitet an einem Proseminar und dieser Anblick motiviert"* (61:44). Außerdem kann das Zuhauselernen als Notlösung gewählt werden, z.B. wenn die Bibliothek überfüllt ist (45:49) oder wenn sich der Separator durch die Verpflegungsangebote auf dem Campus unterversorgt sieht: *„Ich lerne außerhalb vom Campus nur, wenn ich keine Lust habe, in die Unibib zu gehen (meist wetterbedingt) oder ich die ganze Nacht lerne und dabei keine Lust habe, in die Bib zu gehen, weil es […] dort kein gescheites Essen gibt"* (61:35). Insgesamt wird die separatortypische räumliche Trennung zwischen Studium und Arbeit auf der einen sowie Privatleben auf der anderen Seite unter der Vorausset-

---

75   Auch hier bestätigen Ausnahmen die Regel. Die Einhaltung des Tagesplans ist beispielsweise nicht mehr bindend, wenn sich herausstellt, dass sich der Besuch einer Lehrveranstaltung möglicherweise nicht auszahlen wird: *„Vor dem Hörsaal einen Freund getroffen, der meinte, dass sich die Übung heute nicht lohnt. Daher mit ihm einkaufen gegangen und über Auslandssemester gesprochen"* (73:6).

76   In Logbuch 45, 61 und 73 werden keine Hochschulsportangebote genutzt. Alle dem Typus des ‚Separator' zugeordneten Fälle betreiben ‚Breitensport' (Schwimmen, Badminton, Fitnesstraining) in Clubs oder Vereinen (45), gekoppelt an einen Nebenjob (73, Bademeisterin) oder treiben ‚unorganisiert' Sport gemeinsam mit Freunden in öffentlichen Räumen (61).

zung flexibel gehandhabt oder temporär aufgehoben, dass für die zeitnahe Erledigung einer Aufgabe akute Dringlichkeit besteht. Der an Arbeitsaufkommen und Lernbedarf orientierte Umgang mit Orten und Zeiten wird anhand der ausführlichen Selbsterklärung eines (raum-)erfahrenen Separators besonders anschaulich nachvollziehbar: *„Für konzentriertes Lernen flüchte ich gerne in die 24h-Bib (gerade für Klausuren) → diese ist in Prüfungszeiten zu voll, so dass ich sie ab einem bestimmten Zeitpunkt wieder meiden muss und zu Hause lerne (unter Abstrichen). Meine Einträge suggerieren evtl., dass ich am Wochenende den Campus nicht aufsuche! Das ist falsch. Der Grund liegt im Abschnitt des Semesters. Die Prüfungen sind gerade vorbei und ich genieße im 4ten Semester endlich etwas mehr Freizeit → In der kommenden Klausurphase werde ich wieder jedes Wochenende von morgens bis abends mit Lernen (in der Bib) verbringen!"* (75:35).

3.2.3   Integrator: Inside out

Ein typischer Tag sieht folgendermaßen aus:

Zeit (von - bis)	Aktivität	Beteiligte Alleine/ Gruppe/ Anzahl	Ort	Weg Verkehrsmittel/ Dauer	Erläuterung zu Weg und Ort
6.20-7.00	1) Kaffee!!!	alleine	daheim	---	Wachwerden ist angesagt!
7.00-8.10	2) Lesen, lernen	alleine	daheim	---	Mal sehen, ob ich die Definitionen und Formeln jetzt auswendig draufhabe...
8.10-10.00	3) Sachen für Hiwijob abarbeiten	alleine	daheim	---	Meine Aufträge liegen auf dem Instituts-Server – praktisch, dass ich über VPN von zu Hause darauf zugreifen kann. Auf dem Sofa arbeiten ist prima!
10.00-10.20	4) Weg zur Cafeteria	alleine	Wohnung - Cafeteria	Fahrrad (20 min.)	Kleiner Umweg durch den Schlosspark – die Sonne scheint und die ersten Frisbeespieler verbreiten gute Laune!
10.20-11.00	5) Frühstücken	alleine	Cafeteria	---	Hatte glatt das Essen vergessen. Meine Freunde treffen nach und nach ein
11.00-11.30	6) Weg zum Gehrtsen-Hörsaal	5	Cafeteria - Gehrtsen	Fahrrad, zu Fuß (30 min.)	2 Leute haben kein Rad dabei (unfassbar!). Trödeln in der Sonne herum: Wärme tanken, bevor es in den Kühlschrank-Hörsaal geht J
11.30-13.00	7) Klausur	ca. 120	Gehrtsen	---	Klausur ist gut gelaufen!
13.00-13.50	8) Essen, feiern, chillen	6	Forumswiese	Fahrrad, zu Fuß (15 min.)	Ein Freund hat heute Geburtstag. Wir essen gemeinsam Kuchen und genießen die Mittagssonne
13.50-15.30	9) Referatsthema besprechen	6	Forumswiese	---	Hätte effektiver sein können, wenn's hier Strom für den Laptop und ein starkes W-Lan-Signal gäbe
15.35-15.50	10) Weg zu Hörsaal HMU/ HMO	4	Forumswiese HMU/HMO	Zu Fuß (15 min.)	Wir lassen die Räder am AKK, weil wir später wiederkommen
16.00-17.30	11) Vorlesung	4 + 150	HMO	---	Warm und muffig hier. Aber der Prof liefert eine gute Show!
17.30-17.45	12) Weg zum AKK-Café	4	HMO - AKK	Zu Fuß (15 min.)	
17.45-19.40	13) Abendessen, Bierchen und Quatschen	alleine + 4 + ca. 35	AKK	---	Meet & Greet! Wollte eigentlich früher nach Hause... Aber im Biergarten ist's in der Abendsonne echt nett
19.40-20.00	14) Weg nach Hause	alleine	AKK - Wohnung	Fahrrad (20 min.)	Auweia! Jetzt aber schnell...
20.00-22.00	15) Arbeiten, nebenbei fernsehen und essen	alleine	daheim	---	Die Hiwiaufträge müssen fertig werden... trotzdem mal keine Hektik!
22.00-23.30	16) Lesen, lernen	alleine	daheim	---	Noch auf das Seminar morgen vorbereiten. Skript lesen und Übungsblatt ausfüllen
23.30	17) Schlafengehen	alleine	daheim		Zapfenstreich!

Steckbrief

Mein Motto: My cam-
pus-home or my home-
campus?!Normalerweise
gehören Ortswechsel zu
den Routinesituationen des
Hopperalltags, die durch
Fahrradnutzung recht gut in
den Griff zu kriegen sind.
Deshalb weisen Hopper ge-
legentlich darauf hin, dass
ihr Rad ihnen das pünkt-
liche Eintreffen zu Lehr-
veranstaltungen überhaupt
erst ermöglicht (62, 72, 75):

»Habt Ihr gleich Lust auf 'ne Runde Frisbee auf dem Forum?
Oder sehen wir uns heut Abend bei mir zum Lernen?«

„*Ohne Rad geht hier nichts*" (72:6).[77] Dies funktioniert zumindest unter den Voraussetzungen, dass Dozenten ihre Vorlesungen und Seminare nicht überziehen
(70) oder dass Studierende sich in der Pause zwischen zwei Lehrveranstaltungen nicht noch verpflegen müssen.[78] Die Pausen zwischen Lehrveranstaltungen
reichen jedoch kaum aus, wenn Angebote aufgesucht werden müssen, die in Gebäuden außerhalb des Campusgeländes liegen – wie beispielsweise Kurse im
Sprachenzentrum (62, 63).

Für mich müssen… sich Studium und Freizeit ideal ergänzen.

Der Campus ist für mich… ein Teil meines Lebens und ein zentraler Ort meines Alltags.

Für mein Studium… mache ich Vieles auf dem Campus, aber genauso gut auch
zu Hause oder bei Freunden. Meistens fange ich schon beim Frühstück an, wichtige Unterlagen durchzusehen und vor dem Schlafengehen mache ich auch noch
oft was für die Uni. Auf dem Campus gehe ich nicht nur in Veranstaltungen, sondern treffe mich auch mit Freunden zum Sport oder zum Unikino. In Freiblöcken

---

77   Siehe dazu ausführlich: Kapitel 4.1.2 ‚Mobilität: Verkehrsmittel – Verkehr – Wege'. Einzelne
      Hopper, die nicht das Fahrrad nutzen, wünschen sich einen Campusbus, der an zentralen Ge-
      bäuden und Orten hält. Es ist zudem bemerkenswert, dass sich Hopper anscheinend nicht über
      die ‚Blockade' des Mensavorplatzes aufregen, die durch massenhaft kreuz und quer parkende
      Fahrräder zu den Stoßzeiten den direkten Weg zum Mensaeingang versperrt – das mag mit der
      spezifischen ‚Eile' eines durchschnittlichen Hopper-Tages zusammenhängen, die diesbezüglich
      eventuell zu einem erhöhten Verständnis für die ‚Falschparker' beiträgt.

78   Manche Hopper finden hierfür kreative Lösungen: Der Schreiber von Log 37 frühstückt bei-
      spielsweise auf dem Fahrrad, wenn er es eilig hat.

mache ich ein paar Besorgungen oder ich bereite mich zu Hause, in der Cafeteria oder vorm AKK-Café auf die nächste Veranstaltung vor.

Ich wohne... in Campusnähe, so dass ich zwischendurch immer mal wieder nach Hause fahre, um zu essen oder zu relaxen. Ich habe aber auch kein Problem damit, aus der Nachbarstadt zur Uni zu pendeln, da ich mich in den Freistunden auf dem Campus und in Campusnähe sehr gut zu beschäftigen weiß.

Ich jobbe... entweder zu Hause oder auf dem Campus und mit einem mehr oder weniger festen Stundenkontingent, aber zu ganz unterschiedlichen Zeiten – gewissermaßen auf Abruf, wenn mein Chef mich halt eben braucht.

In meiner Freizeit... Gute Frage! Studieren, Arbeiten und kurze Pausen zum Relaxen greifen bei mir perfekt ineinander über, so dass ich eigentlich immer was zu tun habe.

Mein Fortbewegungsmittel... ist am liebsten mein Rennrad. Damit komme ich schnell vom Campus nach Hause und wieder zurück. Gepäck habe ich ohnehin nie viel und 'nen vergessenen Block kann man ja auch einfach nachkaufen.

Ich verpflege mich... mal hier, mal dort: Stadt, Campus, zu Hause – wo es gerade passt.

Die Stadt nutze ich... immer wieder zwischendurch zum Einkaufen, Shoppen oder für Behördengänge. Toll, dass der Campus so nahe an der Innenstadt liegt!

Am Campus finde ich besonders gut ... 1. Die zahlreichen Möglichkeiten, sich zwischendurch mal mit Leuten zu treffen (AKK-Café, Forum, Chemie-Cafete, Schlosspark etc.); 2. die 24 Stunden-Bib, weil ich dann auch mal später am Abend was erledigen kann, bevor ich noch ins AKK gehe; 3. die Online-Angebote der Universität: da wird sogar mein Bett zum Büro.

Ich ärgere mich hingegen... über unbequeme Stühle und zu volle Hörsäle. Ansonsten suche ich mir ohnehin immer den besten Platz – egal ob zu Hause oder auf dem Campus.

Mein idealer Campus... bietet mir die unterschiedlichsten Möglichkeiten: 1. Online-Angebote, damit ich auch mal in Ruhe was zu Hause tun kann; 2. gute Lernräume, wo ich mich mit Kommilitonen treffen kann und 3. nicht zu vergessen: natürlich auch Freizeitangebote!

Die Integrator des Campus Karlsruhe

Der Typus Integrator spiegelt in seinem Raumverhalten wie auch in seinen Ansprüchen an studentische Gesellschaft am ehesten das, was einer ‚Common Sense-Erwartung' an die Gruppierung ‚Studentenschaft' entspricht. Auch auf der Basis der vorliegenden Datensätze ist zunächst davon auszugehen, dass es sich beim Integrator um den ‚Durchschnittsstudenten' handelt. Mehr noch vermitteln die Ergebnisse dieser Studie beinahe den Eindruck, dass mit den anderen Typen entweder Studierende abgebildet sind, die mit alternativen Entwürfen des ‚Studentseins' experimentieren (College, Flaneur) oder die verschiedene Organisations- bzw. Bewältigungsstrategien zum Umgang mit Studienbedingungen und Leistungsanforderungen erproben (Separator, Homie). Mit Blick auf die Fallzahlen lässt sich vorläufig festhalten, dass der Integrator insgesamt deutlich überrepräsentiert ist.[79]

Frei nach dem Motto ‚Work anywhere – party anywhere' verknüpft ein Integrator Studium, Erwerbsarbeit[80] und Freizeit miteinander – sowohl gedanklich als auch räumlich: Prüfungsvorbereitung im Bett, reguläre Lehrveranstaltungsbesuche, gemeinsames Lernen bei Freunden zu Hause und ein abendlicher Abstecher ins Campus-Kino sind für ihn an der Tagesordnung. Eine Trennung dieser Aktivitäten käme ihm unnatürlich vor – ist er doch der Meinung, dass ein Studium mehr umfasst als den reinen Wissenserwerb. Dementsprechend nutzt dieser Typus den Campus häufig als Treffpunkt und Lehrveranstaltungsort,[81] um wiederum studienbezogene Aktivitäten, für die er nicht auf andere angewiesen ist, auch zu Hause zu erledigen. Gerne lädt er auch Lerngruppen zu sich nach Hause ein. Er schätzt besonders Angebote, die eine Fixierung von bestimmten Aktivitäten an bestimmte Räume aufsprengen und flexible Nutzungen diverser Orte zulassen. Das Mittagessen in der Mensa wird so beispielsweise mit Lernen kombiniert (z.B.: Log 37:18). Überhaupt scheinen Gastronomieangebote auf dem Campus die Orte zu sein, die den Bedürfnissen des Integrators während des ‚normalen' Semesterbe-

---

79 33 von 61 Logbuchschreibern sind dem Typus ‚Integrator' zuzurechnen. Daraus lassen sich jedoch keine empirisch begründbaren Schlüsse im Hinblick auf die Gesamtheit der Karlsruher Studierendenschaft ableiten. Welche Typen letztendlich dominieren, wäre in einer Folgestudie zu überprüfen. Denkbar wäre beispielsweise auch eine Online-Befragung auf einschlägigen Internetseiten (z.B. studiVZ).

80 Studierende des Integrator-Typs mit einer Hiwi-Stelle sind z.B. durchaus bereit, am ‚Feierabend' noch Dringendes zu erledigen, präferieren dafür aber die eigenen vier Wände. Umgekehrt erledigt ein Logbuchschreiber seine Übungsblätter an seinem Hiwi-Arbeitsplatz, da dort das Klima besser sei (37:36). Arbeitsplatz und Kollegen werden derart positiv hervorgehoben, dass dieser Schreiber auch außerhalb seiner Arbeitszeiten dort vorbeischaut „hole mir ne Cola am liebsten im [Büro, anonymisierende Änderung der Ortsbezeichnung, Anm. d. Verf.]" (37:40), wodurch der Ausübungsort des Nebenjobs auch zum Bestandteil von Studium und Freizeit wird.

81 Zum Beispiel: „Die Bierbänke vor der Cafete waren heute echt gut zum Arbeiten und Frühstücken. Bei dem Wetter muss man einfach draußen sein" (77:11). Eine bedarfsgerechte Auswahl von Orten des Lernens dokumentiert auch der Schreiber von Log 24: Er differenziert seine räumlichen Präferenzen nach Semesterphasen, d.h. in Klausurphasen lernt er auf dem Campus und geht nur zum Übernachten nach Hause – während des ‚normalen' Semesterbetriebs rechnet er lediglich Übungsblätter gemeinsam mit Kommilitonen auf dem Campus und erledigt alle anderen studienbezogenen Dinge zu Hause.

triebs – also außerhalb der Prüfungszeiten – am ehesten entsprechen. Hier kann man sich nahe an Verpflegungsangeboten niederlassen, seine Lehrveranstaltungsvor- und -nachbereitungen bearbeiten und dabei ein Auge auf den Campusbetrieb haben, denn es könnte ja immer sein, dass Kommilitonen oder Freunde ebenfalls auf einen Kaffee dort vorbeischauen (85:53).

Manche Integrator halten sich auch an Tagen auf dem Campus auf, an denen sie – zumindest den in den Logbüchern angegebenen Stundenplänen zufolge – keine Lehrveranstaltungen besuchen müssten: Gründe hierfür können beispielsweise Verwaltungsgänge und Materialbeschaffung sein, die mit einem Innenstadtbummel verbunden werden (23, 41, 67, 70). Daneben wird der Campus aufgrund von studentischem oder sozialem Engagement aufgesucht (24, 49, 62, 67), welches wiederum anschließend mit Geselligkeit verbunden wird (49, 62). Auch Sport auf dem Campus und um den Campus herum oder die Nutzung von Unisport-Angeboten (37, 42, 59, 62) sowie die Teilnahme an den Proben des Uni-Chors (37) werden in einigen Logbüchern als Gründe angegeben. Einmalige oder temporäre Events auf dem Universitätsgelände, wie beispielsweise die TV-Übertragungen zur Zeit der Fußball-Europameisterschaft werden vom Integrator ebenfalls oft und gern wahrgenommen. Der vom Integrator ohnehin ausgesprochen positiv bewertete Campusraum[82] erhält dadurch eine zusätzliche Aufwertung, die wohlbekannte Orte noch attraktiver als zuvor erscheinen lässt, z.B.: *„Guter Ort = Festsaal, da Fußballspiel von Deutschland übertragen wurde"* (85:61) und *„Studentenhaus: Schön, dass dort die EM übertragen wird!!! Deutschland - Polen 2:0 ☺"* (49:61). Zudem zeigt sich die Durchmischung des Campus als Arbeits- und Lebensraum an einer beiläufigen Übertragung von Begriffen aus dem Freizeitbereich auf die Beschreibung des Unialltags, z.B. wenn Wege zu Lehrveranstaltungen als ‚Spaziergang' bezeichnet werden (67) – aber auch an einer Wahl des Wegs über den Campus, um zur Joggingstrecke im Hardt-Wald zu gelangen, da hiermit der Campus nahezu selbstverständlich in das Freizeitverhalten eingebunden wird (62). Überhaupt zeichnet sich der Integrator durch ein ausgeprägtes ‚Campus-Stadt-Hopping' aus, denn die Nähe der Universität zum Wohnort, zur Innenstadt und auch zum Schlosspark wird sehr geschätzt: Die Lage begünstigt eine Vervielfältigung der Auswahloptionen für das integratortypische Aufsuchen von Orten mit Eignung für das jeweils aktuelle Anliegen. Der Schlosspark wird für eine Architekturstudentin bei schönem Wetter zum Ort des Entwerfens (21:6) – eine andere Logbuchschreiberin er-

---

82   Vom Integrator vorgenommene Campus- und Ortsbewertungen fallen immens häufig positiv aus, z.B.: *„Persönlich finde ich den Campus fast optimal. Die Wege könnten nicht kürzer sein. Es gibt Orte zum Lernen, Orte zum Entspannen..."* (72:35). Die Negativbewertungen eines Schreibers entfallen fast ausschließlich auf überfüllte Lehrveranstaltungen: Seinen Negativbewertungen setzt er selbstbeobachtend hinzu, dass dies *„dann aber nichts mit dem Ort zu tun hat"* (67:34).

klärt ihre Vorliebe für den Schlosspark folgendermaßen: *„Schön zum Entspan-nen, Essen & Übungsblatt rechnen (wenn auch ein wenig unbequem auf Dauer).*
Aber hier kann man den Stress auf dem Campus entkommen" (42:19). Ein über
den Tag verteiltes häufiges Verlassen und Wiederbetreten des Universitätsgelän-des ist für den Integrator keine Seltenheit. Integrator scheinen sich so gut auf dem
Campus und dessen Umgebung auszukennen, dass sie für jedes Bedürfnis bzw.
für jede Gelegenheit die passende räumliche ‚Nische' finden: Ein Schreiber trifft
sich zum Abendessen mit seiner Freundin im Mensainnenhof und wählt zwischen-durch die Treppen seines Fakultätsgebäudes zum ‚relaxen'.[83] Außen- und Vorräu-me genügen aber auch dem Anspruch des Integrators an Orte der Erledigung von
Studiumsaufgaben: *„Sehr chillig auf der Treppe! Wetter passt […] & zum kurzen
Besprechen reichts!"* (42:52f.) oder *„Foyer: Tische, Stühle,… Gut zum Lernen in
kürzeren Pausen"* (72:37). Alles in allem zeigt sich der Integrator als erfahrener
und zufriedener Campusraumnutzer. Bemängelt werden nahezu ausschließlich
Lehrveranstaltungsräume, die schlecht belüftet oder unzureichend beleuchtet sind,
die aber aufgrund verpflichtender Lehrangebote nicht gemieden werden können.

Die Vermischung von Arbeitsorten und Lebensräumen auf dem Campus kann
sich erheblich auf die Wahrnehmung des ‚Campusraums' auswirken: Eine Studien-teilnehmerin gestaltet beispielsweise das Deckblatt ihres Logbuchs um, indem sie
ein Foto des Gebäudes in der Mitte einklebt, in dem sie sich an ‚Unitagen' haupt-sächlich aufhält. Sie markiert damit nicht nur, dass dieser Ort ihr persönliches
Campuszentrum ist, um das sich in ihrer subjektiven Raumwahrnehmung[84] alle
anderen Einrichtungen herumgruppieren, sondern zeigt damit ebenfalls an, dass
sie ein Stück Privatleben in ihren Unialltag integriert, was sich an ihren schrift-lichen Einträgen zusätzlich belegen lässt. Ihr Gebäude wird damit auch zu ihrem
Lebensmittelpunkt. Gleichwohl bleibt diese Mischung kalkuliert, denn die Schrei-berin weist auf die Nachteile hin, die sich aus ihrem speziellen ‚Raummix' erge-ben können: *„Manchmal finde ich es besser, allein und zu Hause zu lernen/schrei-ben, aber nur, weil ich ein bisschen konzentriert sein sollte. Wenn ich an der Uni
bin, finde ich immer jemanden zu reden oder sowas! Deshalb bleibe ich manch-mal zu Hause"* (56:35). Die Organisation des Studiums bzw. die Gewährleistung
von (guten) Studienleistungen erfordert aus ihrer Sicht eine (regelmäßige) räumli-che Absonderung vom Campus, der als lebhaft und gesellig wahrgenommen wird.
Die Logbuchschreiberin weiß um ihre Neigung, sich zum ‚Schwatzen' verleiten
zu lassen, genießt diese in der Füllung von Pausen und Feierabenden, steuert aber

---

83   Entspannen am Forum gehört ebenfalls zu den Vorlieben des Integrators.
84   Vgl. hierzu die raumsoziologischen Ausführungen in Kapitel 1.2 bzw. die Überlegungen zur
      Syntheseleistung bei Löw (2001).

mittels kontinuierlicher Phasen des Zuhauselernens und -arbeitens gegen die Ver-
führung durch allzu ausufernde Ablenkungen an. An diesem Beispiel wird besonders anschaulich erkennbar, dass der Integrator weiß, worauf er sich einlässt.[85]
Insgesamt scheint der Integrator sein ,Studentendasein' zu genießen. Dass der
Lebensabschnitt ,Studium' eine zeitliche Flexibilität zulässt, die eine integratortypische Verbindung von Arbeit bzw. Studium und Freizeit überhaupt erst möglich
macht, wird dabei durchaus reflektiert, wie entsprechende Logbucheinträge zeigen: *„Bin doch sehr froh, dass ich mich ins Arbeitszimmer zurückziehen kann und
doch jederzeit bei der Familie bin"* (57:10). Als ,typischer Student' wertschätzt der
Integrator schließlich die studentische Kultur ,an sich', die nicht nur in dem viel
geäußerten Wunsch nach mehr Studentencafés und Kulturevents auf dem Campus ihren Ausdruck findet: Das studentische Lebensgefühl und die Uniatmosphä-
re, die an manchen Orten des Campus Karlsruhe vermittelt wird, scheint positiv
auf das ,Image' der Universität zurückzuwirken.[86]

---

85 Derartige Erklärungen zum Umgang mit einem sich durch lebhaftes Treiben auszeichnenden
Campus finden sich, wenngleich in etwas gemäßigterer Form, auch in anderen Logbüchern,
da Studierende des Integrator-Typs diese Erfahrung offenbar teilen. Etwa: *„Lernen für die Uni
tue ich fast immer im Wohnheim. Dort ist es ruhiger als in der Bib oder anderen Orten auf dem
Campus. Außerdem ist das Bett einfach bequemer. Nur während der Klausurphasen lerne ich
auch mal in der Bib, wenn ich jeder Ablenkung (PC, Internet, lange essen und in der Küche
verquatschen, ...) aus dem Weg gehen will. Weiteres Plus für zu Hause lernen: Laptop, Bücher,
Notizen, Taschenrechner, ...Um das alles zur Uni mitzunehmen brauche ich einen Rucksack so
groß wie für eine halbe Weltreise..."* (72:35; ähnlich: Log 70:35).

86 So beispielsweise: *„Mensa-Innenhof: Hat bei schönem Wetter studentische Atmosphäre"* (49:7)
oder *„Mensa: preislich okay und irgendwie fühlt man sich nirgendwo mehr als Student als hier
☺ "* (67:7).

3.2.4 College: Mittendrin und voll dabei

Ein typischer Tag sieht folgendermaßen aus:

Zeit (von - bis)	Aktivität	Beteiligte Alleine/ Gruppe/ Anzahl	Ort	Weg Verkehrsmittel/ Dauer	Erläuterung zu Weg und Ort
Ca. 6.30	1) aufstehen, Sachen packen etc.	alleine	Zu Hause	---	Heute wird wieder ein langer Tag – aufpassen, dass ich nichts von meinen Unterlagen vergesse
7.15 - 7.25	2) Weg zur Uni	alleine		Zu Hause – Uni, 10 min. Fahrrad	Fahrrad ist einfach das beste Fortbewegungsmittel in KA – nur die Ampeln nerven tierisch!
7.25 - 7.55	3) Recherche & Ausleihe	alleine	Bib	---	Super, hier kann ich vor Veranstaltungsbeginn die Sachen zusammen suchen, die mir für meinen Vortrag noch gefehlt haben
7.55 - 7.57	4) Weg zum Audimax	alleine		Bib – Audimax, 2 min. zu Fuß	Rad lasse ich stehen, Absperren und Anschließen dauert länger als der Fußweg
8.00 - 9.30	5) VL anhören	ca. 250	Audimax	---	Angenehmer Hörsaal, eignet sich auch für Großveranstaltungen wie Unikino
9.30 - 9.35	6) Weg zum Seminarraum	3		Audimax – Seminarraum, 5 min. zu Fuß	Auf dem Weg noch mit 2 Freunden aus der Fachschaft über das abendliche Treffen geredet
9.45 - 11.15	7) Seminar	Ca. 30	Seminarraum	---	Toller Dozent – schön, wenn das Verhältnis zwischen Lehrenden und Lernenden gut ist
11.15-11.20	8) Weg zum AKK	alleine		5 min. zu Fuß	Jetzt hätte ich das Rad doch gebrauchen können…
11.20-14.00	9) Thekendienst	2	AKK-Café	---	Lecker Kaffee, gute Gespräche, schön, dass es so was Unkompliziertes wie das AKK gibt
14.00-14.10	10) Mittagessen holen	alleine	Mensa-Cafete	Zu Fuß 2 min.	Super Angebot, ich nehme was auf die Hand, um schnell weiter zu kommen
14.10-14.15	11) Weg zum Institut	alleine		Rad 5 min.	Die letzten Trödler auf der Straße nerven
14.15-19.10	12) Hiwi-Job + Vortrag vorbereiten	alleine	Institut XY, ,mein' Büro	---	Erst 2 Stunden was für den Job tun, danach meinen Vortrag für das Seminar übermorgen vorbereiten; zum Glück darf ich den Arbeitsplatz hier auch privat nutzen – oft lasse ich auch meinen Laptop (mit Schloss!) da
19.10-19.30	13) Weg zum Supermarkt am Kronenplatz und wieder zurück auf den Campus	alleine		Je Rad 5 min. hin und zurück	HUNGER!!! So ein Mist, dass Cafete und Mensa schon zu haben. Also schnell noch zum Supermarkt nen Salat und Saft kaufen – wenigstens Vitamine J
19.30-21.00	14) Fachschafts-treffen	15	Gebäude XY, Fachschafts-raum	---	Prinzipiell gut, dass wir den Raum haben, leider viel zu klein – wie sollen wir hier ordentlich arbeiten? Und wo die Sachen für die Orientierungs-Phase lagern????
21.00-21.10	15) Weg zum Café Oxford	10	Fachschaft - Oxford	Zu Fuß 10 min., Rad schieben	Nicht alle haben ein Rad dabei
21.10-23.00	16) reden über dies + das	10	Café Oxford	---	lecker Essen + Cocktail und palavern - das gehört einfach dazu!
23.00-23.10	17) Nachhauseweg	alleine	Oxford - nach Hause	Rad, 10 min.	Ich freu mich schon aufs Bett
23.15	18) zu Bett gehen	alleine	Zu Hause	---	Hab den Laptop heute mitgenommen, um noch ein paar Mails im Bett schreiben zu können – das Wochenendseminar organisiert sich eben nicht von allein. Dann schlafen

Steckbrief

Mein Motto: My campus is my home!

Für mich muss... das fachliche Studium auf jeden Fall durch zahlreiche Zusatzangebote ergänzt werden.

Der Campus ist für mich... der Lebensraum schlechthin.

Für mein Studium... erledige ich so gut wie alles auf dem Campus. Studie-

»Wir sehen uns heut Abend beim Treffen in der Hochschulgruppe. Oder komm doch später ins Akk - da hab ich noch Thekendienst«

ren heißt für mich auf jeden Fall auch studentisches Leben jenseits fachlicher Lehre: kulturelles Leben, politische Bildung, ehrenamtliches Engagement, Austausch mit anderen – das alles ist für mich genauso wichtig wie mein Studienfach an sich.

Ich wohne... am liebsten in Campusnähe, da ich sowieso fast den ganzen Tag auf dem Campus verbringe und nach einem langen Tag gern schnell in mein Bett falle. Wohnen auf dem Campus gibt es hier ja leider nicht...

Ich arbeite... mmh – also wenn mir neben meinen ganzen Studienaktivitäten (ehrenamtliches Engagement ist schließlich auch Arbeit!) überhaupt noch Zeit für Erwerbsarbeit bleibt, arbeite ich am liebsten an der Uni. Bei einem Hiwi-Job kann ich das Büro zum Glück auch ab und zu zum Lernen nutzen. Im Fachschaftsraum habe ich sowieso schon fast meinen eigenen Schreibtisch ;-)

In meiner Freizeit... - wirklich freie Zeit gibt es bei mir eigentlich nicht. Mein Tagesplan ist ziemlich voll: Lehrveranstaltungen, Sprachkurs, Thekendienst im AKK, Beratung von Studienanfängern in der Fachschaft, Unichor und Hochschulgruppe – da kommt schon einiges zusammen. Aber das habe ich mir selber so ausgesucht. Genau das bedeutet doch Studieren, oder?!

Mein Fortbewegungsmittel... ist das, was mich möglichst schnell von einem Ort zum anderen bringt, damit ich all meine Aktivitäten unter einen Hut bekomme. In Karlsruhe ist das meistens das Fahrrad.

Ich verpflege mich... fast immer auf dem Campus, da ich ja sowieso den ganzen Tag hier bin. Allerdings freue ich mich auch immer wieder, abends mal mit anderen Leuten – z.B. aus meiner WG – oder auch ganz allein in Ruhe zu essen, um ein bisschen runter zu kommen.

Die Stadt nutze ich... gezielt, wenn ich mir Zeit dafür nehme. Ich würde meine Einkäufe ja auch unterwegs erledigen, aber wenn ich morgens zum Campus fahre, sind die Läden noch dicht und wenn ich den Campus verlasse, sind sie schon wieder zu. Zum Glück gibt es ein paar Geschäfte, die auch bis 22 Uhr geöffnet sind.

Am Campus finde ich besonders gut... 1. die vielen Möglichkeiten, sich auch über das rein Fachliche hinaus weiter zu bilden (z.B. in Sprachkursen oder Rhetorikseminaren); 2. die Möglichkeit, sich selbst, z.B. durch Fachschaftsarbeit, einzubringen; 3. die studentischen Treffpunkte wie AKK und Cafeteria, wo man auch mal relaxen oder palavern kann.

Ich ärgere mich hingegen... dass manche Leute denken, sie wären nur an der Uni, um ein Pflichtprogramm herunter zu reißen. Und wenn irgendwas mal nicht klappt, dann beschweren sie sich auch noch! Außerdem mag ich nicht, wenn die wenigen Orte auf dem Campus, an denen man relaxen könnte, auch noch zu Arbeitsplätzen umfunktioniert werden – irgendwann brauche selbst ich mal Ruhe. Schade auch, dass Mensa & Co. so früh schließen.

Mein idealer Campus... 1. ist ein Ort der Begegnung; 2. verfügt über ausreichend Arbeits-, Ruhe-, Verpflegungs- und Kommunikationszonen; 3. stellt gut ausgestattete und ausreichend große Räumlichkeiten für studentisches Engagement und tolle Kulturveranstaltungen zur Verfügung.

Die Collegetypen des Campus Karlsruhe

Der Collegetyp lebt gewissermaßen auf dem Campus Karlsruhe und verbringt „*oft sehr viel Zeit von morgens bis spät abends auf dem Campus*" (60:64). Für ihn bedeutet Studieren sehr viel mehr als die rein fachliche Qualifizierung in einem bestimmten Studiengang und er hat eine sehr umfassende Vorstellung von Studium: Dieser wichtige Lebensabschnitt ist für ihn nicht ohne studentisches Engagement wie etwa Fachschafts- oder Hochschulgruppenarbeit zu denken, ebenso selbstverständlich sind für ihn überfachliche Lehrangebote wie Sprach- oder Rhetorikkurse: „*Schön, wenn man den ganzen Tag mit verschiedensten Aktivitäten auf dem Campus verbringen kann*" (60:35). Auch ein studentisches Zusammengehörigkeitsgefühl ist ihm wichtig. Dies bedeutet allerdings nicht zwangsläufig, dass er sein eigentliches Studium vernachlässigen würde. Vielmehr erscheinen ihm ‚normale' Studienaktivitäten als Selbstverständlichkeit und Grundlage für das, was seiner Meinung nach alles sonst noch zum Studieren dazu gehört. Idealerweise lassen sich für ihn fachliche Studieninhalte mit zusätzlichem Engagement verbinden.

Beispiele hierfür könnten das Engagement eines Botanikstudenten in der Grünen
Hochschulgruppe, das der Germanistikstudentin beim Uni-Theater oder das des
Maschinenbaustudenten bei KA-RaceIng, einem studentischen Konstruktions- und
Entwicklungsteam für Rennwagen, sein. Auch zusätzliche Hobbies wie Sport oder
Musik werden gerne im Unikontext ausgeübt, so dass der Collegetypus mehr oder
minder den ganzen Tag auf dem Campus unterwegs ist. Dementsprechend hat er
recht umfassende Ansprüche an einen Campus, der dann gelungen ist, wenn *„auf
kleinstem Raum die komplette Studien-/Tagesgestaltung möglich ist"* (64:34). Bereits die Verwendung des Begriffes ‚Studien-/Tagesgestaltung' zeigt, wie stark sich
die einzelnen Lebensbereiche beim Collegetyp miteinander verbinden. Der Campus dient ihm als Ort, an dem diese Vermischung am besten gelebt werden kann.

Der Collegetyp freut sich daher sehr, wenn er beispielsweise seinen Hiwiar-
beitsplatz oder den Fachschaftsraum auch für andere Tätigkeiten nutzen kann. Um
dies zu erreichen, wird z.B. ein Studienarbeitsplatz mit dem eigenen Laptop und
einem Laptopschloss zum *„vollwertig nutzbaren Arbeitsplatz"* gemacht (64:11),
so dass auch *„Privatkram"* auf dem Campus (19:14) erledigt werden kann. Auch
zum Duschen (19:10), Kochen (17:18) oder Schlafen (17:22) sucht sich der Collegetyp seine Orte auf dem Campus. So werden auch Tätigkeiten, die prinzipiell
ohne großen Aufwand nach Hause verlagert werden könnten, lieber auf dem Campus erledigt: *„Lesen (Paper) kann man wunderbar in der Bib. Das Labor kann
man nicht nach Hause verlegen und meinen Rechner* [den eigenen Laptop, Anm. d.
Verf.] *habe ich im Büro stehen, so dass ich auch vieles vorbereiten kann"* (64:35).
Dankbar ist der Collegetyp darüber hinaus für jede Art von zusätzlichem Service
(Copyshop, Geldautomat etc.) und Verpflegungsmöglichkeiten, die ihm den Aufenthalt auf dem Campus ermöglichen oder erleichtern.[87]

Darüber hinaus bewertet der Collegetyp Orte auch hinsichtlich ihrer Eignung
für Veranstaltungen (z.B. Log 19:7, 19, 23, 27) und kommunikativen Austausch,
die für ihn eine Notwendigkeit für das Campusleben darstellen. Eine Verlagerung
der Aktivitäten nach Hause findet eigentlich nur dann statt, wenn die auf dem Campus zur Verfügung stehenden Orte seinem Bedürfnis nach Konzentration und/oder
Entspannung nicht ausreichend entgegen kommen. Der Collegetyp mag es nicht,

---

87   Da der Collegetyp aufgrund seiner zahlreichen Aktivitäten auch ziemlich viel unterwegs ist,
     nutzt er gerne ein Fahrrad, das ihm flexibles und schnelles Vorankommen ermöglicht. Dabei
     empfindet er *„2 Ampeln dazwischen durch Baustelle am Durlacher Tor"* als *„nervig"* (64:6).
     Auch Radparkplätze sind für ihn dementsprechend wichtig. In dieser Hinsicht zeigt sich eine
     Interessenüberschneidung mit anderen Gruppierungen, die in dieser Studie herausgearbeitet
     wurden – beispielsweise zur Gruppe der ‚Hopper', zu den Typen ‚Separator' und ‚Integrator'
     sowie zur Grundorientierung ‚Efficializer'. Alles in allem lässt sich daran belegen, wie zentral
     und elementar wichtig das ‚Fahrrad' zur Organisation des Studienalltags am Campus Karlsruhe
     ist (siehe auch: Kapitel 4.1.2 ‚Mobilität: Verkehrsmittel – Verkehr – Wege').

wenn sich Erholungs- und Arbeitszonen zu stark vermischen, da er bei seinem vollen Tagesplan auch ein großes Bedürfnis nach Orten verspürt, an denen er einfach nur relaxen und wieder ‚Kraft tanken' kann. Sein optimaler Campus bietet Orte, die ihm seinen ‚Fulltimejob' auf dem Campus noch angenehmer gestalten und wo man in „*unmittelbarer Nähe zu den Hörsälen entspannen kann*" (60:36). Bisher „*improvisiert*" er z.B. mit Forum (60:37), Cafeteria und dem studentischen Café Z10 (19:35) oder dem ‚eigenen' Büro (64:37). Er könnte sich durchaus vorstellen, auf dem Campus zu wohnen, was auch dem für ihn relevanten Zusammengehörigkeitsgefühl zuträglich wäre: „*Wohnen auf dem Campus hätte was, gerade wenn alle da wohnen*" (60:35).

Den Karlsruher Campus insgesamt bewertet der Collegetyp wegen der – seiner Meinung nach zwar ausbaufähigen – aber bereits vorhandenen Möglichkeiten recht gut. Er klagt allerdings teilweise über „*viel zu viel Arbeit für viel zu wenig Helfer. Studentisches Engagement wird leider immer weniger*" (64:23). Das ideale Campusbild des Collegetypen orientiert sich – teilweise explizit formuliert (60:35) – am ehesten am angelsächsischen Campusmodell.

3.2.5 Flaneur: Easy Rider

Ein typischer Tag sieht folgendermaßen aus:

Zeit (von - bis)	Aktivität	Beteiligte Alleine/ Gruppe/ Anzahl	Ort	Weg Verkehrsmittel/ Dauer	Erläuterung zu Weg und Ort
Ca. 8.00	1) Im Bett ein bisschen schmökern	2	Zu Hause	---	Mein Mitbewohner macht sich auf den Weg zur Arbeit. Gut, dass ich den Tag ohne Zeitdruck beginnen kann
9.00 -12..00	2) Aufstehen, frühstücken, Internet	alleine	Zu Hause	---	Frühstück + Literaturrecherche für meine Abschlussarbeit. Events für heute Abend checken, kann mich noch nicht entscheiden, mal sehen...
12.00- 12.10	3) Weg zum Campus	alleine	Wohnung - Uni	Fahrrad (10 min.)	Fahrrad am Kronenplatz lassen und in den Buchladen gehen
12.10-12.45	4) Buchladen	alleine + 4		---	Zwei Bildbände und eine Neuerscheinung der Sparte ‚Popliteratur' gekauft: Damit werde ich den Tag gut rumkriegen J!
12.45- 12.55	5) Weg zur Mensa	alleine		Zu Fuß (10 min.)	Unterwegs eine japanische Touristengruppe im Ehrenhof bestaunt
12.55-13.25	6) Mittagessen	alleine	Mensa	---	Lecker Kartoffelauflauf!
13.25-13.30	7) Weg zur Bib	alleine	Mensa - Bib	5 min. zu Fuß	
13.30-14.30	8) Zeitung lesen	alleine	Bib	---	Erstmal über das Weltgeschehen informieren
14.30-14.35	9) Weg zum AKK	alleine	Bib - AKK	5 min. zu Fuß	
14.35-17.00	10) Kaffee trinken	alleine + 35	AKK	---	In den neuen Büchern lesen, ein paar Freunde kommen noch vorbei
17.00-19.00	11) Grillen auf der Forumswiese	12	Forums- wiese	---	Bin vom ‚Bündnis gegen Studiengebühren' zum Grilldienst eingeteilt: Wir verkaufen Würstchen für 50 Cent gegen Vorlage eines gültigen Studentenausweises – für Langzeitstudierende kostet die Wurst 6,50 €. Coole Aktion!!!
19.00-19.05	12) Weg zum Audimax	4	Forums- wiese - Audimax	5 min. zu Fuß	Im Foyer werden Freigetränke ausgeteilt – Klasse!
19.15-20.45	13) Öffentlicher Vortrag im Audimax anhören	4 + ca. 250	Audimax	---	Spannender Vortrag über „Darstellung des Neokapitalismus in der zeitgenössischen Literatur"
20.45-21.15	14) Weg zum Substage	4	Audimax - Substage	30 min. zu Fuß/ Fahrrad	Zwischendurch Fahrrad am Kronenplatz abgeholt und Falafel gekauft...
21.15-23.30	15) Konzert im Substage	4 + ca. 200	Substage	---	Vorband verpasst – aber egal...
23.30-23.50	16) Nachhauseweg	alleine	Substage - Wohnung	20 min. Fahrrad	Abends hat die Stadt noch mehr Flair
23.50-2.00	17) Bett, Internet	2	Wohnung		Vor dem Schlafengehen noch Mails gelesen und beantwortet. Morgen steht wieder etwas mehr Arbeit auf dem Programm

Steckbrief

Mein Motto: My campus is my pleasure!

Für mich muss... eigentlich gar nichts! Ich genieße die Zwanglosigkeit meines Studentenlebens. Aber für mich ‚kann' sehr vieles sein...

Der Campus ist für mich... ein großartiger Marktplatz der kulturellen Möglichkeiten!

Für mein Studium... muss ich (fast) nichts mehr tun.

»Die Atmosphäre hier ist echt besonders!«

Natürlich gab's auch mal andere Zeiten.

Ich wohne... entweder in Campusnähe, in einem studentisch geprägten Stadtteil oder in einem Künstlerviertel. Mir ist wichtig, diskussionsfreudige und kreative Leute um mich zu haben. Deshalb halte ich mich auch so gern am Campus, in Studentencafés und in Kulturzentren auf.

Ich arbeite... genug, um mir eine studentische Lebensweise leisten zu können. Ich bin jetzt aber noch nicht bereit, einen ‚9-to-5-Job' anzunehmen.

In meiner Freizeit... genieße ich die Vorzüge, die der Campus zu bieten hat. Ich gehe gern ins AKK, in die Bibliothek, ins Unikino, in Vorträge, auf Konzerte, in Kunstausstellungen oder einfach mal in den Schlosspark. Meine innere Uhr tickt im Einklang mit dem Veranstaltungskalender der ansässigen Kulturszene. Ich bin außerdem selber kreativ tätig und politisch aktiv. Wer weiß, ob ich dafür noch Zeit habe, wenn ich erst mal voll im Berufsleben stehe.

Mein Fortbewegungsmittel... ich gehe gern zu Fuß und schaue mir meine Umgebung genau an. Für längere Wege nutze ich auch mal das Rad, mein Auto oder öffentliche Verkehrsmittel – was gerade am besten passt.

Ich verpflege mich... oft und gern auf dem Campus oder in der Campusnachbarschaft. Ich bin einfach kein Stubenhocker.

Die Stadt nutze ich... als Alternative zum Campus. Schaufensterbummel und Campusspaziergänge haben schon einige Gemeinsamkeiten...

Am Campus finde ich besonders gut... 1. Das AKK, weil sich hier der Puls studentischen Lebens fühlen lässt; 2. das Forum (bei schönem Wetter), weil man hier viele bekannte Gesichter sehen kann und einfach immer was los ist; 3. den Zeitschriftenleseraum der Bibliothek. Praktisch, wenn man kostenfrei und rund um die Uhr auf eine solche Auswahl an Informationsmedien zugreifen kann. *Ich ärgere mich hingegen...* über all die abgehetzten Studenten, die keine Augen für die Möglichkeiten haben, die der Campus zu bieten hat – der Campus kann definitiv mehr als nur Lernstube sein. *Mein idealer Campus...* 1. Lädt durch zahlreiche Treffpunkte zum Verweilen ein; 2. bietet eine große Auswahl an Kulturveranstaltungen, die von Studenten oder von Seiten der Universität organisiert werden; 3. ist tagsüber und auch in der Nacht ein lebhafter Treffpunkt der regionalen Intellektuellenszene und politischer Gruppen.

Die Flaneure des Campus Karlsruhe

Der Flaneur nimmt den Campus in erster Linie als Freizeitort wahr, der ihm zahlreiche kulturelle und eventförmige Angebote entgegenbringt. Er zeichnet sich zudem dadurch aus, dass er sein Studentendasein in vollen Zügen genießt, solange ihm das (noch) möglich ist: *„Ich genieße halt eben mein Studentendasein. Man ist nur einmal jung"* (16:64).[88] Der Flaneur kennt den Campus wie seine eigene Westentasche und weiß daher genau, wann, wo und mit wem dort ‚etwas los' ist. Das AKK ist für ihn ein wichtiger Treffpunkt, da er die Events und Kulturangebote dieser Einrichtung besonders schätzt und eventuell sogar (mit-)organisiert. Es ist davon auszugehen, dass Flaneure – relativ unabhängig davon, ob sie im Grund- oder im Hauptstudium sind – ihren Stundenplan so gestalten, dass ausreichend Zeit für kulturelle Aktivitäten oder politisches Engagement bleibt. Der Flaneur kann kaum nachvollziehen, wenn seine Kommilitonen sich ‚Stress machen' und durch ihr Studium hetzen, ohne dabei jemals die Qualitäten des Studentenlebens und die Möglichkeitsräume auf dem Campus erkannt zu haben. Das studentisch-gesellige Miteinander sowie die Vielfältigkeit potentieller Begegnungen mit Andersdenkenden und der diskursive Austausch machen für den Flaneur einen großen Teil der Attraktivität des Campus aus: *„Die ungezwungene Atmosphäre transformiert den Biergarten zum Treffpunkt + Melting-Pot der Studenten"* (16:19). Für diese soziale Dimension hat er ein genaues Auge. Er widmet seine Aufmerksamkeit je-

---

88 Im Rahmen der Studie ist der Flaneur ein ‚Exot'. Er verdient jedoch innerhalb der Typologie nicht nur der Vollständigkeit wegen Erwähnung, sondern ist ein Hinweis darauf, dass der Campus noch nach Abschluss des Studiums genutzt wird, um dort Freunde und Bekannte zu treffen oder an Kulturveranstaltungen teilzunehmen. In diesem Sinne sind auch diejenigen Personen als Flaneure zu bezeichnen, die einmal pro Woche oder pro Monat am Campus vorbeischauen, um an Kulturveranstaltungen teilzunehmen oder einfach nur eine Tasse Kaffee am AKK zu trinken.

doch auch den Gebäuden und Plätzen auf dem Campus, die er in ihrer atmosphärischen Wirkung einzuschätzen weiß und die er nahezu nach den Maßgaben eines externen Beobachters beurteilt. Überhaupt nimmt er gerne die Rolle des Beobachters ein, wodurch ihm viele Details auffallen, die solchen Studierenden, die eher mit der Bewältigung eines engen Zeitplans beschäftigt sind, verborgen bleiben.[89]

In der Regel nutzt der Flaneur den Campus als Freizeitort, auf dem er spazieren geht, Mahlzeiten einnimmt, Freunde trifft, Veranstaltungen aus den Bereichen Kultur und/oder Politik besucht, Zeitung liest, Sport treibt, Musik macht usw.[90] Auch das Sehen und Gesehenwerden ist ihm nicht ganz unwichtig und das studentische Café ist für ihn seine *„ganz eigene Veranda"* (16:60). Deshalb legt der Flaneur besonders viel Wert auf die Verweilqualitäten des Campusraums und auf die Freiräume, die Studierenden auf dem Universitätsgelände für ihre (kreative) Selbstverwirklichung offengelassen und bereitgestellt werden. Einschränkungen solcher Raumangebote würde er mindestens kritisch kommentieren oder ihnen sogar aktiv entgegenwirken. Der Flaneur präsentiert sich als erfahrener Campusexperte, dessen Rat für kulturschaffende oder politisch-aktive Studierende unentbehrlich ist. Darüber hinaus kann der Flaneur auch im Sinne eines ‚Zeitpioniers'[91] gesehen werden, der es versteht, Verpflichtungen und persönliche Interessen auf eine stressfreie Weise zu integrieren: Langeweile ist für diesen Typus ein Fremdwort.

Noch einmal zusammenfassend zu den Typen:

1. Für den *Homie* ist der Campus ein Ort, an dem überwiegend Informationen beschafft werden, die zu Hause in Ruhe verarbeitet werden;

2. Für den *Separator* ist der Campus reiner Arbeitsort; Studium und Freizeit werden räumlich strikt voneinander getrennt;

3. Für den *Integrator* ist der Campus ein Teil-Bereich des Lebens; Studium und Freizeit werden sowohl auf dem Campus als auch außerhalb des Campus miteinander vermischt,

4. Für den *College* ist der Campus ein umfassender Lebensraum, in dem mehr oder minder das gesamte Leben gestaltet wird;

---

89   Dementsprechend können die Äußerungen des Flaneurs auch darüber Aufschluss geben, wie der Campus auf Leute wirken kann, die diesen Ort besichtigen – sei es als Studieninteressierter, als Tourist oder als Gastdozent.

90   Der Flaneur kann oberflächlich betrachtet wie jemand wirken, der nur auf dem Campus ‚herumhängt'; mit seinen vielseitigen Interessen, seiner Vorliebe für den intellektuellen Diskurs, seiner Fähigkeit zum Selbststudium und seiner ausgeprägten Tendenz zur Selbstverwirklichung kommt er jedoch dem Image eines ‚Kulturbürgers' nahe.

91   Vgl. Hörning/Gerhard/Michailow (1998).

5. Für den *Flaneur* ist der Campus Ort der Muße, an dem Universitätsflair und
    studentisches Lebensgefühl genossen werden können.

Abschließend lässt sich festhalten, dass sich die Zugehörigkeit zu einem bestimmten Typus (Homie, Separator, Integrator, College, Flaneur) im Verlauf des Studiums ändern kann, aber nicht muss.[92] Ein Studierender kann sein Studium zu Beginn als Integrator organisieren, während er später – z.b. bedingt durch die Erwerbsarbeit – zum Homie wird. Denkbar ist aber ebenso eine Entwicklung hin zum Collegetypus, da der oder die Betreffende alle individuellen Bedürfnisse auf dem Campus bestens befriedigt sieht. Die Typologie ist dementsprechend nicht als eine Übersicht über starre Verhaltensweisen zu verstehen. Vielmehr wird die Besonderheit zu einem Typus verdichtet, der dadurch gekennzeichnet ist, dass er in der Realität nicht in Idealform, sondern nur ansatzweise aufzufinden ist. Studierende orientieren ihre Campusnutzung u.a. an den Erfordernissen des Studiums in Prüfungszeiträumen bzw. während der Klausurphase – umgekehrt aber auch an außerplanmäßigen Anforderungen im Nebenjob oder an besonderen Ereignissen im Privatleben. Dies gilt in besonderem Maße für Ausprägungen des Integrator-Typus, die während des regulären Semesterbetriebs ihre Campusnutzung gewissermaßen immer wieder neu optimieren und sich bisweilen einfach stillschweigend mit vorhandenen räumlichen Gegebenheiten zu arrangieren scheinen. Gerade Vertreter dieses Typus zeigen sich in Sondersituationen wie Klausurphasen ausgesprochen flexibel, indem sie beispielsweise ad hoc alle Lernaktivitäten entweder auf den Campus (wie der Typ Separator) oder nach Hause (wie der Typ Homie) verlegen, je nachdem, wo sie sich besser konzentrieren können.

Es bleibt anzumerken, dass sich die Raum- und Servicequalitätsansprüche der verschiedenen Typen voneinander unterscheiden können, aber nicht müssen: Über die Online-Vorlesung freut sich ein Homie ebenso wie ein Integrator – trotz unterschiedlicher Motivlage. Auch Flaneur und Collegetyp sind sich in ihrem Bedürfnis nach studentischer Atmosphäre nicht im Geringsten fremd. Und selbst der Homie freut sich über ein ungezwungenes Gespräch mit Kommilitonen bei einem Kaffee, während er im Copyshop wartet, den auch der Separator häufig nutzt, um alles für sein Studium auf dem Campus erledigen zu können. Die Herausforderung für Universitäten liegt nicht zuletzt darin, diesen verschiedenen Nutzertypen entgegen zu kommen oder aber dezidiert einen gewünschten Typus zu befördern.

---

92 Darauf deuten wiederholende Einträge in den Logbüchern, in denen markiert wird, dass noch
    wenige Semester zuvor die Campusnutzung eine andere gewesen sei oder dass die Campusnut-
    zung in Klausurphasen merklich anders ausfiele. Die Variabilität der Typuszugehörigkeit ist im
    Kontext der Campusentwicklung nicht zuletzt deshalb interessant, weil sie darauf hindeutet, dass
    Studierende durchaus bereit sind, unter veränderten Rahmenbedingungen ihre Raumnutzungs-
    gewohnheiten umzugestalten.

3.3 Grundorientierungen der Studiengestaltung

Sozusagen als ein ‚Nebenerzeugnis'[93] der Typenbildung sind in der Datenanalyse zwei unterschiedliche Grundorientierungen der Studierenden sichtbar geworden: die Convenience- und die Efficializing-Orientierung. Während manche Studierende beständig einen Bedarf an Komfort und Bequemlichkeit, Entspannungsphasen und Ausgleichsaktivitäten betonen, thematisieren andere Studierende die Notwendigkeit, studienbezogene und andere Verpflichtungen so durchzuorganisieren, dass obligatorische Angelegenheiten möglichst zeiteffizient und/oder in klar vorab definierten Zeiträumen erledigt werden können. Bei ‚Convenience' wie auch bei ‚Efficializing' handelt es sich um zwei verschiedene Grundverständnisse von Studium, die in den Prioritätensetzungen der Studierenden sichtbar werden und die als solche nicht genuin raumbezogen sind, da sie sich mitunter beispielsweise auch auf zeitliche Aspekte oder individuelle Bedürfnisse sowie emotionale oder körperliche Befindlichkeiten beziehen. Dennoch können sich diese Prioritätensetzungen, die quer zu den Typen liegen, durchaus auch auf das Raumnutzungsverhalten von Studierenden auswirken. Sie werden im Folgenden exemplarisch vorgestellt, weil sie einen Einblick in das Erleben des Studien- und Campusalltags ermöglichen, der die Ausführungen zu gruppen- und typenspezifischen Campusnutzungen ergänzt – nämlich im Hinblick auf subjektiv empfundene Studienbedingungen sowie hinsichtlich individueller Strategien der Studienorganisation.[94]

3.3.1 Convenience: „Probier's mal mit Gemütlichkeit!"

Manche Studierende sind – unabhängig von ihrem Typus – auffällig darum bemüht, ihren Studienalltag möglichst komfortabel und entspannt zu gestalten. Für

---

93   Die hier vorgestellten Orientierungen lassen sich nicht in allen Logbüchern gleichermaßen vorfinden. Dies lässt sich u.a. auf die individuellen Protokollierungsgewohnheiten und Dokumentationsstile der Studienteilnehmer zurückführen: Generell haben alle Teilnehmer der Studie angegeben, was sie wann mit wem auf dem Campus unternommen haben. Manche Studienteilnehmer haben zudem aufgeschrieben, was sie wann mit wem außerhalb des Universitätsgeländes getan haben. Eine Angabe des ‚warum' haben hingegen nicht alle Untersuchten für notwendig erachtet. Die Grundorientierungen ‚Convenience' und ‚Efficializing' können nur aus solchen Logbucheinträgen abgeleitet werden, in denen die Tagesaktivitäten reichhaltig kommentiert und in denen die Statements in der Gesamtbetrachtung mit ausführlichen Schilderungen der jeweils empfundenen Alltagsbedingungen angereichert wurden.

94   Mit dem Auffinden dieser Orientierungen aus dem Datenmaterial ist ein Horizont eröffnet, der Anschlüsse für Folgestudien bietet, in denen (der Umgang mit vielfältigen) Studienbedingungen in einer umfassenderen Weise als ausschließlich in räumlicher Hinsicht untersucht werden könnte. Es ist anzunehmen, dass bei einem weiteren thematischen Zuschnitt Spezifizierungen und/oder Ergänzungen zu den beiden hier als vorläufig vorgestellten Orientierungen vorgenommen werden müssen.

ihren Umgang mit Lehrveranstaltungen bedeutet das, dass sie beispielsweise gern Getränke und Snacks dorthin mitnehmen, insbesondere wenn es sich um längere Vorlesungen handelt (23, 63, 69). Ihre Nutzung von Pausen zwischen den Lehrveranstaltungen zeichnet sich durch eine klare Präferenz für entspannende Tätigkeiten wie Kaffee trinken, Freunde treffen, ausruhen (,chillen'), Kickern im Mensafoyer, Zeitung lesen etc. aus (23, 32, 72, 85), während die Pausen von anderen Studierenden eher zur Erledigung ,lästiger' Besorgungsgänge oder Aufgaben wie Kopieren, Internetrecherche, Übungsblätter lösen oder Prüfungsämter aufsuchen etc. genutzt werden. Die gezielte Auflockerung der Campusaufenthalte durch Ausgleichsaktivitäten und andere Annehmlichkeiten ist eine Convenience-Strategie, mit der Studierende versuchen, einigermaßen entspannt, wach und gut gelaunt durch den Tag zu kommen. Zudem ist darin für sie ein Motivationspotential enthalten – für den eigenen Fleiß gönnt man sich ab und an eine Belohnung. Umgekehrt empfinden Convenience-Orientierte ,obligatorische' Wege, etwa zum Besuch einer entfernter gelegenen Lehrveranstaltung, oftmals als lästig und zeigen sich bisweilen als ,lauffaule' Wegesparer. In einem Fall nutzt eine unmittelbar in Campusnähe wohnende Schreiberin das Auto, mit der Begründung, dass es an diesem Tag geregnet habe (48:48). Einem anderen convenience-orientierten Untersuchten wird es immer dann zu viel, wenn Pausenzeit und Wegstrecke in einer ,ungemütlichen' Relation zueinander stehen: *„Aber hoffentlich überzieht er heute nicht schon wieder, damit ich mich nicht wieder so beeilen muss um rechtzeitig zur nächsten Vorlesung zu kommen"* (70:14).

Wie beim Convenience-Konsumenten[95] zeigt sich auch bei Convenience-Studenten, dass Kriterien wie Aufwand oder Kosten in Relation zum Konsum eines akut gewünschten Guts in den Hintergrund treten: Umwege oder höhere Kaufpreise werden stillschweigend erduldet, um dafür einen Zugewinn an Genuss oder Spaß als Gegenwert zu erhalten. Orte werden unter der Voraussetzung positiv bewertet, dass dort neben Material und Möbeln für ein angenehmes Arbeiten zusätzliche Angebote bereitgestellt werden, wie z.B. in der Fachschaft Physik: *„Waren zwar nur kurz da, aber hier gibt es meist alles, was man braucht: Kaffee, Eis, Informationen, Prüfungsprotokolle oder eben einfach nur einen Tacker"* (69:49). In dem hier angeführten Beispiel werden die Genussmittel sogar zuerst genannt, worin sich ein zentrales Charakteristikum der Prioritätensetzung ,Convenience' bestätigt.

---

95   Vgl. dazu Fassnacht et al. (2007). Während die ersten Konzepte zur Convenience-Orientierung stärker das (vermeintliche) Bedürfnis der Konsumenten nach alleiniger Reduktion monetärer und zeitlicher Kosten in den Mittelpunkt der Betrachtung rückten, werden jüngst auch weniger einfach messbare ,Transaktionskosten' wie die individuell empfundene ,Mühe' in Relation zur ,Zufriedenheit' mit dem erworbenen Produkt integriert.

Die Convenience-Orientierung schlägt sich zudem in einer gezielten oder beiläufigen ‚Versüßung' der Campusaufenthalte durch Ausgleichsaktivitäten wie Spa-
zierengehen, Naturempfinden und Geselligkeit nieder: So wird das Studentencafé
im Sinne einer solchen Ausgleichsfunktion bewertet: „Es ist einfach schön, wenn
man sich in einer Freistunde mit Freunden irgendwo hinsetzen kann, um etwas zu
trinken und sich zu unterhalten" (85:19) und der Anfahrtsweg durch Naturempfinden aufgewertet „Es ist wunderschön auf dem Weg zur Uni durch den Schlosspark
zu fahren" (85:6). Ein anderer Schreiber genießt eine aufgrund seiner Lehrveranstaltungsbesuche notwendige Passage fast vergleichbar mit einem (tagträumeri-
schen) Kurzurlaub: „Der Weg von Gebäude 40.40 zum Archi-Bau (Geb. 20.40).
Speziell der Weg von der Richard-Willstädter-Allee zum Engler-Bunte-Ring. Sehr
ruhig, grün, ein bisschen Urwald... Man denkt nicht, man wäre auf dem Campus"
(23:45). Hierin dokumentiert sich gleichsam ein besonderes Geschick, Momente
zu nutzen, um positive Eindrücke aufzunehmen.

Besonders auffällig ist die konstante Neigung von convenience-orientierten
Studierenden, den Campus zu verlassen und stattdessen zu Hause zu arbeiten und
zu lernen. Hierfür sind negative Erfahrungen mit Campus-Räumen und/oder verschiedene Ansprüche an Gemütlichkeit und Bequemlichkeit ausschlaggebend,
die auf dem Campus nicht erfüllt werden (können): *„Bibliothek → unbequem für
das Lernen – Es sieht aus, als wären die ganzen Studenten gestresst und das stört
mich"* (32:34). Zumeist aber wird das Angenehme mit dem Notwendigen verbunden, so etwa hier: *„Zum einen ist es nicht einfach nach den Vorlesungen einen
Arbeitsplatz zu finden (das wird ab ca. 17 Uhr wieder besser) und zum anderen
bin ich nachmittags dann auch ganz froh wieder vom Campus runter zu kommen,
vor allem im Sommer wenn es heiß ist. In meiner Wohnung habe ich einen großen
Schreibtisch und um mich herum alles was ich brauche und womit ich zwischendurch entspannen kann. Im Sommer ist der Garten außerdem eine schöne Alternative, wenn ich Texte lesen muss"* (69:35). Gegen das Lernen oder Arbeiten auf
dem Campus spricht aus Sicht convenience-orientierter Studierender oft die lästige Notwendigkeit, Materialien, Laptops oder Nahrungsmittel zum Campus transportieren zu müssen (23, 69, 78). Daneben wird problematisiert, dass Sitzgelegenheiten in Innen- und Außenräumen auf dem Campus ‚ungemütlich' sind oder
schlichtweg fehlen (z.B. 70). Gleichwohl sind Convenience-Orientierte durchaus
in der Lage und bereit dazu, sich mit den räumlichen Bedingungen auf dem Campus zu arrangieren: *„Wiwi-Bau (20.14, 103.2) [...], durch Umstellen der Tische:
gemütliche Atmosphäre"* (63:11). Nichtsdestotrotz bleiben Bett und Sofa die Lieb-
lingsarbeitsplätze convenience-orientierter Logbuchschreiber, da mit diesen Möbeln ihre Ansprüche an Bequemlichkeit und Komfort optimal bedient werden,

ohne dass dadurch die Möglichkeiten konzentrierten Arbeitens oder Lernens ge-
mindert würden – im Gegenteil: *„Programmieren im Bett → kann mich zu Hause
besser darauf konzentrieren als am Institut"* (63:10). *„Gemütlich im Bett lernen
ist super"* (78:10). Das Zuhauselernen und Arbeiten erlaubt die Herstellung einer
individuell als angenehm empfundenen Arbeitsatmosphäre, die in Campusräumen
von Mitanwesenden eventuell als störend empfunden werden könnte: *„Durch eine
sehr gute Austauschplattform kann man sehr gut auch zu Hause konstruieren, da
von überall auf die Daten zugegriffen werden kann und zu Hause ist es bequemer,
man kann Musik hören"* (85:6). Insofern sind die Lern- und Arbeitsgewohnheiten
von Convenience-Orientierten auch als Ausdruck eines Wissens um die eigenen
Bedürfnisse und einer Fähigkeit zur kreativen Herstellung von Rahmenbedingungen für effektives Arbeiten zu bewerten. Anscheinend geht diesen Studierenden
in angenehmer Atmosphäre, bequemer Körperhaltung, mit ein wenig Gemütlichkeit, Musik, Kaffee oder Schokolade sowie der Aussicht auf Abwechslung oder
Geselligkeit in den Pausen das Lernen besser von der Hand.

3.3.2   Efficializing: „Der Tag ist kurz: Ich hab keine Zeit zu verlieren!"

Andere Studierende zeichnen sich hingegen dadurch aus, dass sie eine Ballung oder
Verbindung von obligatorischen Tätigkeiten zu erzielen versuchen, indem sie ihren Tag durchplanen – ein extremes Beispiel für diese Orientierung liefert ein Teilnehmer, der *„Dinge richten"* und *„organisieren"* nahezu täglich als eigenständige
Aktivität in seinen Tagesplänen aufführt. Die Stundenpläne solcher Studierender
lassen ein Bemühen um möglichst kompakte Campusnutzungszeiten erkennen:
An ‚Unitagen' werden zahlreiche Lehrveranstaltungen besucht und wenig Freiblöcke offengelassen (z.B. 72). Falls dennoch Freistunden und Pausen entstehen bzw.
sich diese nicht vermeiden lassen, werden sie vielfach zum Arbeiten oder Lernen
genutzt. Zudem werden Besorgungsgänge in Wegstrecken integriert, die ohnehin
zurückgelegt werden müssten. Anfahrtswege (wie auch Pausen und Freistunden)
werden regelmäßig zum Einkaufen genutzt (34, 49, 67, 75) und auch die Verpflegung findet häufiger auf den Anfahrtswegen zum Campus oder auf dem Rückweg
nebenher statt: *„Auf dem Weg zur Bahn Döner"* (67:44; ähnlich 54).

   Wege stellen für Studierende mit einer von uns als ‚Efficializing-Strategie' eti-
kettierten Orientierung ein Problem eigener Qualität dar, da das Zurücklegen von
Strecken nicht allein ihrem Planungswillen und Zeitkontrollstreben unterliegt, sondern durch das Verhalten anderer beeinflusst werden kann. Fußgänger, Autofahrer,
Baustellen oder Ampeln werden hier häufig als Hindernisse und Störquellen thematisiert – ebenso oft wird direkt oder indirekt das Anliegen geäußert, möglichst

schnell von der Stelle zu kommen: *„Weg quer über den Campus = schwerer Fehler; zu viele Leute, ständiges Aufpassen auf 'Träumer'"* (47:14). *„Die Kreuz und quer laufenden Fußgänger nerven"* (49:6). *„Fahre den längeren Weg, der aber schneller ist"* (47:22). Auch Begleiter können als ‚Bremse' angesehen werden: *„Zu zweit ist man langsamer"* (49:40). Beschleunigende Ereignisse wie ‚Grüne Wellen' werden demgegenüber in den Erläuterungen zu Wegen positiv hervorgehoben (49:10). Efficializing-orientierte Radfahrer, die durch Autoverkehr nicht von der Stelle zu kommen meinen oder ihre Sicherheit durch unachtsame Autofahrer gefährdet sehen, plädieren deshalb gerne für einen autofreien Campus (47, 49).

Nicht nur deshalb versuchen diese Studierenden, möglichst viele Strecken einzusparen. Wege werden von ihnen fast ausschließlich unter den Voraussetzungen in Kauf genommen, dass ein Aufsuchen des jeweiligen Zielpunkts unabdingbar ist oder dass der am Zielpunkt erwartete Nutzen höher ist als der (Zeit-)Aufwand zum Zurücklegen der Wegstrecke. Verärgert sind sie insbesondere über solche Wege, die ihnen durch – aus ihrer Sicht – fehlgeplante Lehre entstehen oder auferlegt werden. Ein Schreiber fordert beispielsweise eine alternative Lösung für die Abholung und Abgabe von Übungsblättern, da ihm Wege hierfür lästig und überflüssig erscheinen (47). Das Erscheinen auf dem Campus zu Zwecken der Materialbeschaffung wird bisweilen gar als Zumutung bewertet. Ein Untersuchter äußert sich entnervt über den papierförmigen Aushang von Informationen an Schwarzen Brettern, da sich Informationsverbreitung auch anders organisieren ließe: *„Außerdem hängen die Tut-Termine nur vor dem Büro des Dozenten aus → nervig!"* (67:6). An dieser Äußerung zeigt sich latent eine starke Gewöhnung an Internetangebote, die derartige Informationen ortsungebunden verfügbar machen würden. Überhaupt ist der Wunsch nach einem ‚Online-Campus' (z.B. in 47) bezeichnend für efficializing-orientierte Studierende, was sich auch in der positiven Bewertung bereits bestehender Internetangebote dokumentiert: *„Praktisch dass ich von daheim auf die Unirechner zugreifen kann"* (49:10). Dementsprechend bleiben manche Efficializing-Orientierte häufiger einfach zu Hause – das Zuhauselernen ist hier als eine Efficializing-Strategie zu bewerten: *„Je nachdem: Wenn ich in der Gruppe lerne, sind wir meistens an der Uni. Oft lerne ich aber auch alleine in der Bib. Falls sich der Aufwand gemessen an der Zeitdauer lohnt, zieh ich die Unibib dem Lernen zu Hause vor"* (67:35) oder auch *„besser 1,5 h in der Bib lernen als extra nach Hause zu fahren und gleich wieder los zu müssen"* (72:6).

Die Prioritätensetzung ‚Zeiteffizienz' kann eingesetzt werden, um über mehr Freizeit verfügen zu können (47, 67, 75).[96] Efficializing-Orientierte ‚ticken' in dieser Hinsicht anders als Convenience-Orientierte, die häufiger auch mal auf dem Campus herumtrödeln, damit der Aufenthalt ‚an sich' vorübergehend Freizeitcharakter gewinnen kann. Eine Logbuchschreiberin bringt diesen Unterschied zwischen Efficializing und Convenience in ihrer Negativ-Bewertung des Studentencafés auf den Punkt: *„Bin zum Arbeiten hier, nicht zum Party machen"* (84:34). Ein Grund für Efficializing können hohe Anforderungen im Studium sein, z.b. die Gleichzeitigkeit einer Klausurphase mit einem Praktikum, wenn obendrein noch der Nebenjob zu erledigen ist. Ebenso kann ‚chronischer Zeitmangel' bedingt durch intensives soziales oder studentisches Engagement zu Efficializing beitragen (49, 54, 67, 75). Umgekehrt kann sich eine (temporäre) Efficializing-Orientierung auch als Folge zeitextensiver Freizeitgestaltung einstellen, wenn Studierenden plötzlich bewusst wird, dass sie selbstverschuldet mit dem Lernstoff für eine wichtige Prüfung hinterherhängen (z.b. 75). Efficializing-orientierte Studierende erleben ihren Studiums- und Campusalltag gefärbt durch den Eindruck, kaum oder keine Zeit zu haben bzw. wertvolle Zeit durch unnötige Zumutungen zu verlieren. Dieser Eindruck veranlasst sie zu einer Form des Zeitmanagements, mit dem eine straffe Organisation der studienbezogenen Tätigkeiten erzielt wird und ein Zeitgewinn für darüber hinausgehende Aktivitäten erwirtschaftet werden kann.

3.4 Gruppen – Typen – Orientierungen: eine Zusammenschau

Die individuelle Campusnutzung jedes Einzelnen erweist sich als ein je spezifisches Amalgam aus Gruppenzugehörigkeit, Typenausprägung und Grundorientierung.

Eine erkennbare Individualität oder Originalität des Einzelfalls bzw. der von einem Untersuchten dokumentierten Campusnutzung, -wahrnehmung und -bewertung ergibt sich also ebenso aus dem ‚Insgesamt' wie aus der ‚Intensität' seiner Gruppenzugehörigkeit, seiner ausgeprägten Typeneigenschaften sowie seiner Grundorientierung: Ein Studierender kann dabei zum Beispiel gleichzeitig den *Gruppen* ‚Pendler' und ‚Hopper' angehören und bedingt durch eine ausgeprägte Efficializing-*Orientierung* seinen Campusalltag so organisieren, dass ihm auf dem Campus dem *Typus* ‚Integrator' entsprechend ausreichend Zeit für eine Tasse Kaffee mit Freunden bleibt. Ebenso kann ein Studierender beispielsweise der *Gruppe* der ‚Inhouser' angehören und aufgrund einer Tendenz zur Convenience-

---

96 ‚Efficializing' erfolgt dann öfter auch ‚präventiv': So lernt beispielsweise ein Logbuchschreiber tagsüber mehrere Stunden Mathematik, geht dann schlafen, um nachts aufzustehen und sich die Liveübertragung eines Eishockeyspiels im Fernsehen anzusehen (67:36).

Orientierung versuchen, dem *Typus* ‚Homie' entsprechend möglichst viele studienbezogene Aktivitäten nach Hause zu verlegen. Weitere spezielle Färbungen der Campusnutzung ergeben sich aus dem Umstand, dass auch mit den eigenen typenspezifischen Präferenzen für die Nutzung von Räumen und Orten situativ flexibel umgegangen werden kann. Dem *Typus* ‚Separator' entsprechende Ansprüche

Abbildung 11: Zusammenwirken der Analysekategorien Gruppenzuordnung, Typenzugehörigkeit und Grundorientierungen

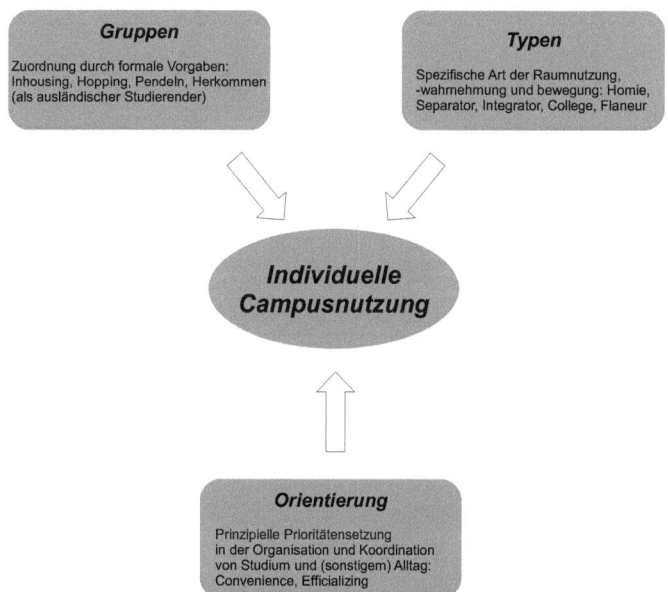

an eine konsequente Trennung von Studium und Privatleben können etwa in Prüfungsphasen der akuten Wichtigkeit des ‚Rund-um-die-Uhr-Lernens' nachgeordnet werden – und auch Studierende, die dem *Typus* ‚Homie' zugeordnet werden können, sind durchaus in der Lage und bereit, eine Anwesenheitspflicht in Präsenzveranstaltungen als notwendig anzuerkennen. Zudem kann eine Typenzugehörigkeit unterschiedlich stark ausgeprägt sein und im Einzelfall können sich Anzeichen für die Entwicklung hin zu einem anderen Typus zeigen. So finden sich im Datenmaterial vereinzelt Hinweise, dass insbesondere Studienanfänger noch keine festen Studiergewohnheiten ausgeprägt haben und daher noch mit verschiedenen räumlichen Arrangements zum Lernen experimentieren (41 und 65 sowie retrospektive: 62). Dementsprechend ist davon auszugehen, dass Studierende im Verlauf ihres Studiums ihren Typus ändern können und in der Folge ihre konkreten Raumansprüche variieren. Die Datenlage bzw. die in dieser Studie erarbeitete Erkenntnisbasis lässt jedoch keine Rückschlüsse auf eine mögliche Entwicklungsabfolge zu, nach der beispielsweise der Homie im Grundstudium und der Integrator im Hauptstudium dominieren würde, da hierzu eine Längsschnittstudie erforderlich wäre. Die Entwicklungsoptionen scheinen auf den ersten Blick in alle Richtungen gleichermaßen offen zu sein.

Die Vielfalt der Kompatibilitäten von Typen mit Gruppen und Orientierungen sollten jedoch nicht als Anzeichen für eine generell mangelnde Identifizierbarkeit der räumlichen Bedürfnisse von Studierenden gesehen werden. Die teils konvergierenden, teils divergierenden Ansprüche der Untersuchungsteilnehmer an ‚ihren' Campus bringen vielmehr zum Ausdruck, dass Universitäten bereits gegenwärtig und zukünftig mit einer Vielzahl verschiedenartiger Bedürfnislagen ihrer sich mehr und mehr als Kunden verstehenden Studierenden konfrontiert sein werden. Mit planerischen Maßnahmen können, wenn dies beabsichtigt ist, ‚konsensfähige' Campusräume geschaffen werden, die mannigfaltigen Nutzungsformen gerecht werden und zu angenehmen räumlichen Studienbedingungen beitragen. Die Alternative besteht darin, bei der Profilbildung, die an Universitäten derzeit vorangetrieben wird, auf eine spezielle Gruppe, auf einen bestimmten Typus, auf eine spezifische Orientierung von Studierenden zu fokussieren.

4 Our Campus Karlsruhe

4.1 Relevante Orte und Themen

Neben Aspekten, die für einzelne Gruppen bezeichnend sind[97] sowie den für bestimmte Typen charakteristischen Campusnutzungs-Mustern,[98] finden sich in den Logbüchern Bewertungen von bestimmten, immer wieder genannten Orten und Themen, die den Campus insgesamt beurteilen. Dabei hat die Analyse aller Logbücher ergeben, dass einige Einschätzungen bezüglich des Campus von allen Studienteilnehmern – also kollektiv – geteilt werden. Diese Bewertungen stellen die Orte teilweise mit einer enormen Präzision dar, erschließen ihren ‚Charakter' und erlauben somit einen profunden Einblick in das Campuserleben aus studentischer Perspektive. Diese Ortsbewertungen werden im Folgenden zusammenfassend vorgestellt.

In den insgesamt 61 ausgewerteten Logbüchern wurden 137 Orte bewertet, davon

- alle für sämtliche Studierenden so genannten ‚zentralen' Versorgungseinrichtungen (Mensa; Rechenzentrum; Universitätsbibliothek; Studienbüro; Studentenwerk)
- 26 Hörsäle
- 50 Seminarräume
- 18 Gebäude/Gebäudekomplexe insgesamt
- 20 Orte, die nicht auf dem eigentlichen Campusgelände liegen, aber entweder ohnehin universitäre Einrichtungen beherbergen oder schlichtweg für viele Studierende zum erweiterten Campus zählen[99]

---

97 Dazu vgl. v.a. Kapitel 3.1, das ausgewählte Gruppen und deren spezifischen Umgang mit dem Campus zum Thema hat.

98 Siehe dazu das vorhergehende Kapitel 3.

99 Es sind dies (in alphabetischer Reihenfolge): Allianz-Gebäude Kronenplatz; Badische Landesbibliothek; Bistro/Kneipe Ballermann; Café/Kneipe Kippe; Café Luxus; Café/Kneipe Oxford; Café Pan; Café/Kneipe Stövchen; Café/Studentenbar Z 10; Edeka; Fasanengarten; Gebäude 8.03 Sprachenzentrum; HaDiKo; International Department; Kongresszentrum; Kronenplatz/Berliner Platz; Mensa Moltke; Parkbänke in der Richard-Willstätter-Allee; Schlosspark; Studentische Unternehmensberatung fuks.

- sowie diverse Verpflegungsmöglichkeiten, Poolräume, Labors, Fachschaftsräume, Veranstaltungsräume, eindeutig benennbare Freiflächen, Orte des
  studentisch-kulturellen Engagements etc.

Somit ergeben sich aus den Logbüchern Bewertungen nahezu für den gesamten
Campus sowie für dessen ‚mentale Erweiterung‘, wie die folgenden Karten zeigen.

Abbildung 12: Sämtliche von den Logschreibern bewertete Orte auf dem
                 Campus

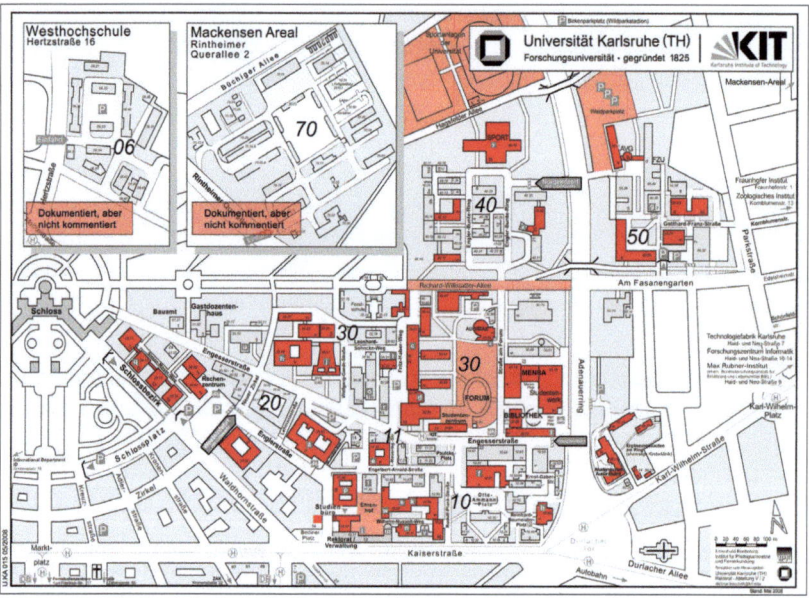

Abbildung 13: Die mentale Erweiterung des Campus durch die
Studienteilnehmer

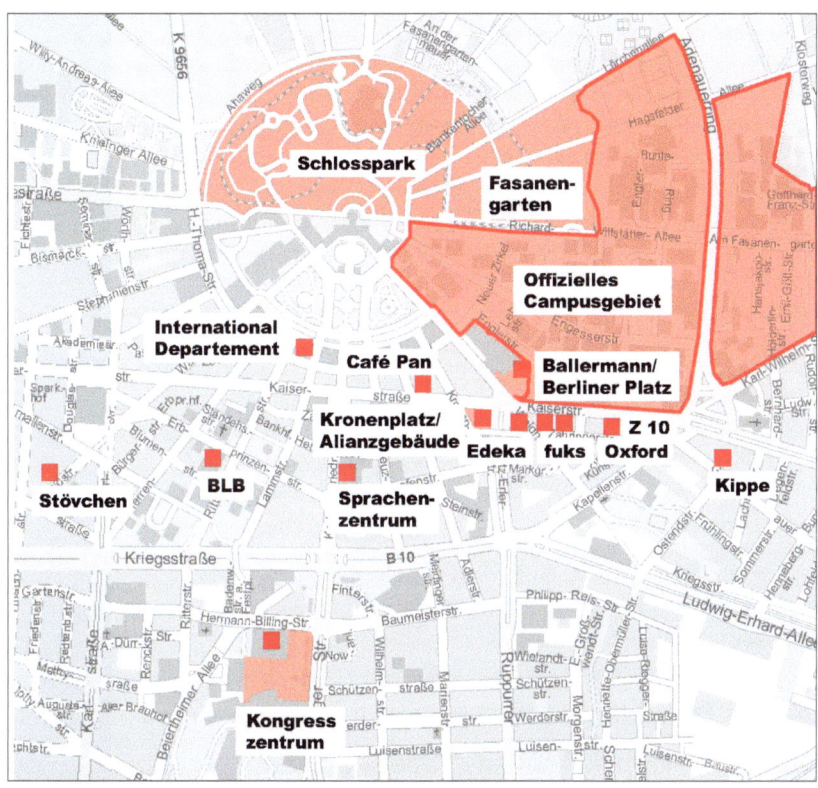

Darüber hinaus haben sich aus den Einträgen zwei Themenfelder[100] ergeben, die
sich nicht explizit auf bestimmte Orte beziehen, sondern die eine Bewertung des
Campus insgesamt im Hinblick auf a) Mobilität: Verkehrsmittel – Verkehr – Wege[101]
und b) Stadtnähe: Die Lage des Campus Süd vornehmen.

---

100 Die beiden Themenfelder werden in Kapitel 4.1.2 und 4.1.3 ausführlich dargestellt.

101 Das Thema ‚Verkehrsmittel – Verkehr – Wege‘ war mit einer eigenen Erfassungsspalte gezielt
in das Untersuchungsdesign integriert worden. Allerdings wurde die recht stark schematisierte
Abfrage zur Verkehrsmittelwahl und Wegenutzung von vielen Logschreibern erweitert und die
Frage nach den so genannten ‚guten‘ und ‚schlechten Orten‘ wurde eigenständig auf Verkehrsmittel und Verkehrssituationen ausgeweitet. Das Thema ‚Stadtnähe: Lage des Campus Süd‘ wurde

Aus der Zusammenschau der Orte und Themenfelder ergibt sich ein Gesamt-
bild des Campus einschließlich der Erwartungen, Bedürfnisse und Wünsche aus
studentischer Perspektive, aus dem sich Potenziale ebenso wie Optimierungsmög-
lichkeiten ableiten lassen.[102]

4.1.1 Hot-Spots und Gesamtbewertung

Die in den Logbüchern am häufigsten genannten und bewerteten – und somit als
Hot-Spots zu klassifizierenden – Orte auf dem Campus Süd sind:[103]

1. Die Mensa mit Cafeteria (in Gebäude 01.12/13)
2. Die ‚Physik-Bauten‘ (Gebäude 30.21-24)
3. Die Freiflächen auf dem (erweiterten) Campus
4. Die 24-Stunden-Universitätsbibliothek (Gebäude 30.50/51)
5. Das AKK mit der Tribüne des Alten Stadions (in Gebäude 30.81)
6. Die ‚Chemie-Türme‘ (Gebäude 30.41-46)
7. Das ‚Archi-Gebäude‘ (Gebäude 20.40)
8. Der Hörsaal HMU/HMO (in Gebäude 10.21)
9. Die ‚Wiwi-Bauten‘ (Gebäude 20.11-20.14)
10. Das Rechenzentrum (Gebäude 20.20/21)
11. Das Gebäude 11.40[104]
12. Die ‚Infobauten‘ (v.a. Gebäude 50.34)
13. Das Audimax (in Gebäude 30.95)
14. Das ‚Sportgebäude‘ (Gebäude 40.40)
15. Das Allgemeine Verfügungsgebäude (AVG, Gebäude 50.41)

---

durch den dem Logbuch beigefügten Stadtplan thematisiert, ergibt sich jedoch zusätzlich und in
wesentlich stärkerem Maße auch aus den freien Einträgen.

102   Zu den zentralen Erkenntnissen über studentische Bedürfnisse und deren mögliche Erfüllung
durch einen ‚idealen Campus‘ siehe Kapitel 5.1 ‚Ein virtueller Spaziergang über den idealen
Campus‘.

103   Reihenfolge nach Häufigkeit der Bewertungen, absteigend. An den Hot-Spots lassen sich auch
eindeutig jene Orte erkennen, die eine ‚inhousige‘ Campusnutzung zulassen: Physik-, Chemie-
und Architekturbauten wurden u.a. deshalb so häufig genannt und ausführlich bewertet, da sich
die Studienteilnehmer aus den zugehörigen Fächern sehr oft in diesen Gebäuden befinden und
sie ‚bis in den letzten Winkel‘ zu kennen scheinen.

104   Dort sind v.a. einige Institute der Fakultät für Architektur sowie die Übungs-Säle für Architek-
turstudierende in der Unterstufe angesiedelt. Darüber hinaus befinden sich auch einige wenige
Institute anderer Fakultäten im Gebäude sowie CIP-Pools und die Druckerei der Universität im
Kellergeschoss.

Die Gesamtbewertung des Campus ergibt sich aus den detaillierten Einzelbewertungen der jeweiligen Orte[105]:

Der Campus Süd der Universität Karlsruhe wird von den Teilnehmern der My-Campus-Studie alles in allem positiv bewertet.[106] Die Studierenden finden dort bereits heute eine relativ umfangreiche Auswahl an Plätzen, die sich in ihren Augen zum Lernen oder Entspannen, zum Arbeiten oder zur Pausen- und Freizeitgestaltung eignen. Besonders beliebt sind solche Orte, die eine flexible Nutzung bzw. ein Nebeneinander von Lernen und Geselligkeit zulassen.

Ausgesprochen positiv bewertet werden v.a. die Grün- und Freiflächen auf dem Campus Süd oder in unmittelbarer Nähe[107] und die diversen Anlagen oder Plätze werden ausnahmslos als unersetzlicher Pluspunkt empfunden. Sie werden nicht nur gerne betrachtet oder durchschritten, sondern von den Studierenden auch regelmäßig und häufig als Aufenthaltsorte – vorrangig als Orte der Erholung, aber auch des Lernens – genutzt. Neben den direkt auf dem Campus befindlichen Freiflächen wie Forum oder Ehrenhof fällt auf, dass die Studierenden den Campus mental auf den angrenzenden Schlosspark sowie den Fasanengarten ausdehnen. Auch die Parkbänke in der Richard-Willstätter-Allee werden zu ‚Outdoor-Lernplätzen‘, da *„im Freien, Natur, schön zum Lernen"* (19:15). Der Schlosspark gilt als *„ruhiger, schöner Ort im Freien → optimaler Ort zum Lernen"* (62:23), der dank seiner ausreichenden Zahl an Sonnen- und Schattenplätzen unterschiedliche Aktivitäten zulässt: *„Hier kann man sich mit Freunden treffen, ausruhen, lesen"* (54:41), *„ideal um kreativ zu werden, zu lesen, zu lernen oder einfach nur Fußball/Frisbee zu spielen"*.

---

105 Die Porträts der einzelnen Orte, die sich Dank der detaillierten Aufzeichnungen aus den Logbüchern präzise herausarbeiten ließen, wurden in einem gesonderten Dokument den Verantwortlichen aus den entsprechenden Abteilungen der Universität (insbesondere Rektorat sowie Hauptabteilung ‚Gebäude und Technik‘) übermittelt.

106 Weder in Bezug auf Raumnutzungsverhalten noch in den Wahrnehmungen oder Bewertungen von Räumen, Orten und Wegen haben sich auffällige genderspezifische Unterschiede gezeigt. Auch in den herausgearbeiteten Typen und Orientierungen sind jeweils männliche und weibliche Studierende vertreten.

107 Aufgrund der Durchführung der Studie im Sommer ist ein Jahreszeiteneffekt gegeben. In einer ‚Wintersemester-Studie‘ könnte ermittelt werden, wie Studierende sich bei kälteren Temperaturen mit dem bestehenden Angebot an Innenräumen arrangieren, wenn die Möglichkeiten zu längeren Aufenthalten ‚draußen‘ witterungsbedingt eingeschränkt sind.

Abbildung 14: (links):   Der Schlosspark als ‚guter Ort' (83:15)

Abbildung 15: (rechts): Ein Spielplatz als Lieblingsort (71:57)

Mitunter wird auch von der Nutzung des Spielplatzes zwischen Schlosspark und Fasanengarten berichtet, der weitläufig genug ist, so *„dass man sich nicht komisch dort fühlt beim Spielen (obwohl wir keine Kinder sind)"* (71:57).

Der an den Schlosspark angrenzende Fasanengarten wird v.a. von Studierenden bevorzugt, die absolute Ruhe suchen und denen der Park selber zu belebt ist. Bei aller selbstverständlichen Nutzung dieser Anlagen und ihrer häufigen Erwähnung als ‚gutem Ort auf dem Campus', schätzen viele der Untersuchten dennoch deren Eigenständigkeit, die sie ihren ‚Arbeitsalltag' vergessen lässt: *„Hier kann man dem Stress auf dem Campus entkommen"* (42:19).

Auf dem Campus selber finden die Studierenden im Forum einen Ort der Erholung, der nur sehr selten als Lernort beschrieben wird: *„Perfekt zum Chillen, Spielen; Veranstaltungen beim AKK; Grillen"* (24:49). Auch diese Freifläche wird fast ohne Einschränkungen positiv bewertet, wobei vereinzelt Wünsche nach mehr Schattenplätzen geäußert werden: *„leider alle Schattenplätze belegt und in der Sonne ist es zu warm"* (49:10).

Abbildung 16: Das Forum auf dem Campus (16:27)

Vor allem auch an den Wochenenden stellt das Forum einen beliebten Treffpunkt und Veranstaltungsort dar: *„Ich finde es super, dass Leute das Forum auch am Wochenende benutzen, denn ohne das fühlt sich die Uni für mich tot an ☹"* (71:27).

Eine weitere wichtige Freifläche ist der Ehrenhof, der durch die dort herrschende Ruhe sowie die harmonische Anordnung von historischen Gebäuden, Bäumen und Sitzbänken eine *„andächtige"* (62:7), *„idyllische"* und *„gemütliche"* (63:15) Atmosphäre hervorbringt, die schlichtweg als ‚schön' empfunden wird. Er ist *„sehr ruhig, trotz der hohen Fußgänger- und Radfahrer-Frequenz"* (20:11) und vermittelt ein *„Universitätsgefühl"* (45:41). Damit wird vermutlich auch der Umstand reflektiert, dass der Hof u.a. durch die durchgängige Pflasterung sowie die Treppenstufen ein stark verkehrsberuhigter Bereich ist.

Abbildung 17: Der Ehrenhof als Ort mit ‚Universitätsgefühl' (54:7)

Insgesamt wird also positiv hervorgehoben „*dass man auf dem gesamten Campus Natur findet*" (54:53), wobei in vielen Logbucheinträgen ein persönlicher Favorit wie „*meine Lieblings-Kleinwiese*" (16:52) Erwähnung findet.

Im Vergleich dazu schneiden die Innenräume und ihre Ausstattung deutlich schlechter ab: Insbesondere im Hinblick auf die Lichtverhältnisse „*trotz nördlichem Fenster ziemlich helles Außenlicht – Projektor nicht stark genug*" (37:41) und das Klima von Lehrveranstaltungsräumen äußern die Studienteilnehmer häufiger heftige Kritik „*der Raum ist so stickig*" (25:40). Durch unzureichende Lichtverhältnisse, übermäßige Wärme oder Kälte sowie durch schlechte Luft sehen sie ihre Konzentration und Motivation negativ beeinträchtigt: „*Dicke Luft, nach einer Stunde lässt die Konzentration deutlich nach*" (75:44) oder „*hier ist es heute so warm und schwül drinnen, Prof will nächstes Mal Ventilatoren mitbringen*" (84:45) sowie „*zu warm und es flackerte ein Oberlicht. Diese Umstände zerstörten den restlichen Willen, aufzupassen*" (40:18).

Manche Hörsäle wurden gar als ‚Meideorte' benannt: „*Diese schreckliche Klimaanlage: Unten schwitzen alle regelmäßig, ganz oben erfrieren die Leute. Das ist v.a. im Winter eine Qual!*" (27:34). Der hier kommentierte Hörsaal wurde

Abbildung 18: ‚Schlechte Luft' (77:49)

auch im Rahmen der Vorgespräche als ‚Meideort' benannt, bei dem man sich – zumal bei freiwilliger Teilnahme – genau überlege, ob man eine Veranstaltung dort überhaupt besucht. Besonders geschätzt wird im Gegenzug die ‚eigenhändige' Regulierung von Luftzufuhr, Temperatur und Beleuchtung vor Ort.

Häufig wird auch die Bequemlichkeit der Sitzmöglichkeiten beanstandet, wobei sich die Kritik öfter auf Hörsäle und seltener auf Seminarräume bezieht; gera-

Abbildung 19: Das Audimax als vorbildlicher Hörsaal (40:49)

de für Studierende mit einer Körpergröße von über 1,80 m stellen die Bankreihen eine Herausforderung dar. Positiv hervorgehoben werden dementsprechend Hörsäle mit bequemen Sitzmöglichkeiten: *„Ein recht schöner Hörsaal, in dem man sogar sitzen kann"* (14:10). Daneben werden die in Hörsälen montierten Tischflächen vielfach als zu klein empfunden, wodurch Studierende das Mitschreiben auf Notizblöcken und Laptops umständlich finden: *„Man hat nicht mal genug Platz zum Mitschreiben!"* (49:23) . Insgesamt wird das Audimax als atmosphärisch bester und somit vorbildlicher Hörsaal hervorgehoben, da es in nahezu allen genannten Punkten positiv abschneidet: *„Trotz Größe sehr gute Übersicht und Akustik, gute Kontrolle der Temperatur, schnelles Füllen und Leeren des Saals"* (15:34), *„hell und freundlich, sehr sauber, genug Platz, gut klimatisiert → bester Hörsaal"* (35:34).

Auch die Lage wird von den Logschreibern geschätzt *„super gelegen (zentral) auf dem Campus"* (24:45) und das Gesamtgebäude scheint mit seiner Ausstat-

Abbildung 20: Treppen als beliebte Treffpunkte (20:7)

tung den Studierendenbedürfnissen entgegen zu kommen: *„relativ neu und sauber, sehr schöne Toiletten, Kaffeeautomat im Foyer"* (63:34). Verbesserungsbedarf wird bisweilen bei Beamern und Mobiliar gesehen, wobei das Audimax für viele einen Ort darstellt, der durch seine Gesamterscheinung – trotz Unwägbarkeiten – zum Verweilen motiviert: *„Ist zwar für mich nicht gut zum Sitzen, aber ich finde trotzdem, dass es das schönste Gebäude auf dem Campus ist"* (77:34). *„Die Vorlesung wird wohl nie spannend. Dafür ist das Audimax angenehm"* (78:48).

Eine besondere Nachfrage besteht nach Verweil- und Kommunikationsorten, vor allem solchen, die wie zufällig erscheinen – wie beispielsweise die Treppe am Eingangsportal des Architekturgebäudes: *„Vor allem an Tagen mit gutem Wetter treffe ich hier immer jemanden, den ich kenne, zu einem kurzen Gespräch"* (20:7).

Vielfach tendieren die Studienteilnehmer – mitunter auch aus Mangel an ausreichendem Raumangebot – zu einer Nutzung von unterdefinierten Orten oder Durchgangsräumen, wie den genannten Treppen oder auch Foyers *„Tische, Stühle, …Gut zum Lernen in kürzeren Pausen"* (72:37) und Außenräumen: *„Unter schattigem Baum zwischen Bib und Mensa + angenehm warm, aber nicht zu heiß/grell + nicht zu laut → ganz entspannt plaudern oder/und was für die Uni machen"* (37:19).

Abbildung 21: Außenräume als Lernorte (84:15)

Auch Cafés und Fachschaftsräume werden entsprechend für *„eine angenehme Lern-Mittagspause"* (84:53) genutzt oder um, z.b. im Fachschaftsraum Physik, Freiblöcke angenehm zu überbrücken: *„es liegt immer die SZ aus, falls wem langweilig ist"* (31:18).

Gerade die Orte des kommunikativen Austauschs stellen auch für das Selbstverständnis der Studierenden als Gruppe einen wichtigen Faktor dar: *„Physikersommerlager* (...) *vor dem Flachbau: Leute sitzen in der Sonne, unterhalten sich und Leute, die die Physik verlassen oder betreten kommen zu 95 % dort vorbei; so pflegt man an diesem Ort Bekanntschaften"* (31:7). Einen wichtigen Ort für das Gestalten und Erleben einer über Fachgrenzen hinausreichenden ‚studentischen Kultur' stellt das AKK-Café dar. Das in studentischer Selbstverwaltung vom AKK geführte, am Paulcke-Platz und somit an zentraler Stelle gelegene Café erfährt eine mitunter nahezu enthusiastische Positivbewertung[108] – v.a. der auch gerne als *„Biergarten"* bezeichnete Außenbereich: *„Mein Lieblingsort am Campus. Nicht nur heute. Bequem, gemütlich, nett. Man hat alles!"* (16:11), *„coole Sache, günstiger Kaffee, gemütliche Atmosphäre"* (34:37). Dabei ist auch das AKK ein Ort mit mehreren Funktionen: Im Vordergrund stehen Aspekte der Geselligkeit und der Erholung – sei es tagsüber in Freiblöcken oder bei den abendlichen Veranstaltungen. Dabei wird am AKK sehr geschätzt, dass man dort gemütlich und auch günstig Kaffee trinken und sich unterhalten kann, während es sich darüber hinaus auch als Party-Location eignet und Studierenden die Möglichkeit bietet, sich selbst direkt auf dem Campus am studentischen Kulturleben zu beteiligen: *„Ein Ort des Lebens – auch abends. Wie toll, dass wir direkt an der Uni Kulturveranstaltungen organisieren können. Und jeder kann sich selbst einbringen"* (27:49).

Ein weiterer Pluspunkt des AKK ist seine zentrale Lage in unmittelbarer Nähe von Universitätsbibliothek, Audimax und Mensa, die es erlaubt, auch in kürzeren Pausen *„abzuspannen"* (11:11) und die es gleichzeitig zum *„natürlichen Treffpunkt"* (45:53) von Studierenden – auch unterschiedlicher Fachrichtungen – macht. Das AKK liegt praktisch immer auf dem Weg: *„Zentral, oft trifft man viele Leute, die auf einen Sprung ihren Kaffee holen – große Verabredungen sind also nicht notwendig."* (27:7). Positiv hervorgehoben wird zudem die Möglichkeit, den vorgelagerten Freibereich sowie die auf das Forum ausgerichtete Tribüne zu bespielen:

---

108 Über das AKK finden sich lediglich zwei weniger positiv ausfallende Kommentare: Eine Logschreiberin gibt an, dass ihr *„der Bezug"* zum AKK fehle (31:15). Eine weitere bemerkt, sie brauche keinen Party-Ort auf dem Campus und möge das AKK vielleicht auch nicht, *„weil ich auch nie drin war"* (84:34).

Abbildung 22: Das AKK als beliebter Treffpunkt

„*Man ist an der frischen Luft und muss nicht leise sein*" (22:15), „*wegen ‚karibischem Abend'* *waren viele Leute da, es war warm und romantisch*" (44:15), „*Freilichtkino, ein echt schönes Sommererlebnis*" (70:6). Auch das Ambiente der ehemaligen Sporthalle kommt den Erwartungen an studentische Veranstaltungen entgegen: „*Perfekter Ort um Party zu machen – kein viereckiger Raum, sondern durch das Alter des Gebäudes und den Bogen an der Decke sehr ‚urig' und einladend; wenn man in die Halle kommt schaut man erst mal auf alle runter; man bekommt richtig Lust zu tanzen*" (36:49). Bei Veranstaltungen wie der ‚Karibischen Nacht' wird auch positiv hervorgehoben, dass der Ort es zulässt, sich seinen eigenen Platz zwischen ‚Sehen und gesehen werden' auszuwählen:[109] „*Es war supertoll – Leute können von der Tribüne gucken + schauen & der Rest tanzt auf dem Platz unten*" (71:15).

Eine Funktionserweiterung erfährt das vorrangig als Pausen- und Freizeitort definierte AKK durch eine Nutzung als Lernort, der v.a. das „*entspannte Arbeiten*" (75:23) ermöglicht. Dabei wird gerade die Parallelität von Verpflegung und

---

[109] In der ersten Woche des Erhebungszeitraums wurde vom AKK anlässlich des 30jährigen Bestehens die so genannte „Kulturwoche" veranstaltet, weshalb sich in zahlreichen Logbüchern Bewertungen zu den v.a. an den Abenden angesetzten Events finden.

Lernen an einem Ort geschätzt: *„Frühstück war perfekt! Und ich konnte meinen Text für nächsten Montag lesen!"* (56:45).

Bemängelt werden mitunter das etwas abgenutzte Erscheinungsbild des AKK sowie die Anzahl der Toiletten: „V*iel zu wenige und damit häufig dreckig"* (19:27). Aufgrund seiner großen Beliebtheit wird auch beanstandet, dass das Café von Zeit zu Zeit zu voll sei und der *„Platz nicht ausreicht für unsere Größe von Uni"* (71:11).

Vergleichbar mit dem ‚Biergarten' des AKK genügt auch das Mensa-Areal – außerhalb der Betriebsspitzen – solchen Ansprüchen an ‚Hybridorte', an denen Lernen, Versorgung und kommunikativer Austausch möglich sind. Auch die Zusatzangebote im Foyer der Mensa – mitunter die Möglichkeit zum Kicker spielen (32:53), einen Geldautomat (20:6) sowie den Copyshop zu nutzen (69:14) – werden positiv hervorgehoben. Erneut wird die Möglichkeit geschätzt, diesen Ort zum Lernort ‚umfunktionieren' zu können: *„Guter Ort am Campus heute war der schattige Platz im Biergarten vor der Mensa. Dort konnte man an frischer Luft und guter Atmosphäre lernen"* (41:11). Allerdings verhindern die Öffnungszeiten von Mensa und Cafeteria sowie eine Überfüllung zu den Stoßzeiten, dass das Sitzplatzangebot konstant zum Lernen genutzt werden kann: *„Um 16 Uhr ist auch schon zu, was ich für eine eindeutige Verschwendung eines nahezu perfekten Lernortes halte"* (61:49). Darüber hinaus wirft die in den Logbüchern häufig dokumentierte sowie positiv hervorgehobene Nutzung der Mensa-Außenflächen[110] die Frage auf, wohin die Studierenden bei schlechter Witterung ausweichen. An den wenigen Tagen mit regnerischem Wetter während des Erhebungszeitraums deutet sich eine verstärkte Nutzung der Cafeteria als Alternative zum Mensa-Innenhof an, wodurch die Lernplatzproblematik zusätzlich verschärft wird: *„Total überfüllt. Heute war Regenwetter, wodurch die Außenanlagen nicht benutzt werden konnten. Dadurch waren alle Plätze belegt"* (69:49).

Generell negativ kommentiert wird die Überfüllung der Mensa zur Stoßzeit um 13 Uhr, *„gefühlt die vollste Mensa, die ich je gesehen habe"* (14:11), welche neben langen Warteschlangen auch erhöhte Raumtemperaturen und Sitzplatzmangel mit sich bringt: *„Wir haben ca. 20 min. angestanden und drinnen keinen Platz gefunden. Zudem war es unten und im Speisesaal sehr heiß"* (69:11). In Verbindung damit wird von nahezu allen Logschreibern auch die chaotische Parksituation der Fahrräder auf dem Vorplatz stark kritisiert: *„Das Fahrradchaos im Mensavorhof: Zum Schreien! Und das täglich!!!"* (16:15).

Es verwundert nicht, dass viele Logschreiber dementsprechend als ‚Meideort' die *„Mensa in Rushhour!"* (56:34) benennen. Auch die Flyerverteiler, die sich täg-

---

110   Der Innenhof von Mensa und Cafeteria wird von vielen Logschreibern auch als ‚vorbildlicher Ort' gewertet.

lich im Innenhof tummeln, werden teils als lästig empfunden: „*Zu viele Flyerver-teiler nerven jedes Mal*" (20:15).

Zwar ist die Mensa ihrer ursprünglichen Bestimmung folgend ein Ort der Verpflegung, der „*schnelles Essen, kein Kochaufwand*" (22:14) bietet, der aber neben dem Zweck des Lernens ebenso dem der Geselligkeit und Kommunikation dient und somit zum wichtigen Treffpunkt wird, „*um gemütlich mit Freunden in der Sonne zu sitzen und sich zu unterhalten, vor allem da wir keine Vorlesungen mehr zusammen haben, in der wir uns sehen würden*" (73:7).

Abbildung 23: Die ‚Fahrradflut' vor der Mensa um 13 Uhr (70:37)

Auf diese Weise stellt das Mensa-Areal neben den bereits genannten funktionalen Aspekten einen sowohl für die Konstruktion als auch das Erleben von ‚studenti-scher Atmosphäre' relevanten Ort dar.

Als weiterer Hybridort kann die ‚Chemie-Cafete' gelten, die nicht nur als Ort der Geselligkeit, Erholung und Verpflegung, sondern auch als (Gruppen-)Lernort genutzt wird, der – genauso von ‚Nicht-Chemikern' – häufig gezielt zu diesem Zweck aufgesucht wird.

Da diese Orte je nach akutem Bedarf zum Arbeiten, Lernen oder für Geselligkeit genutzt werden, können sich die Nutzungsformen an stark frequentierten Orten überschneiden. Der Vorteil dieser Orte, nämlich Multifunktionalität, entpuppt
sich dann gleichsam als Schwäche, da die Raumansprüche verschiedener Nutzer
mit unterschiedlichen Anliegen miteinander in Konflikt geraten können. Selbst
Studierende, die einen solchen Ort üblicherweise ebenfalls als Treffpunkt nutzen,
neigen dazu, anderen Studierenden eine derartige Nutzung zu verübeln, wenn sie
selber diesen Ort gerade zum Lernen nutzen wollen.

Abbildung 24: Lernort Chemie-Cafeteria (42:37)

Allem Einfallsreichtum von Studierenden zum Trotz, sich Orte zum Lernen auf
dem Campus zu erschließen, bleibt daher zu berücksichtigen, dass verschiedene
Lernformen – vom beiläufigen kommunikativen Austausch über Studieninhalte
bis hin zum nahezu kontemplativen, hochkonzentrierten Lernen vor der Klausur –
auch verschiedene Arrangements erfordern. In diesem Kontext moniert die Mehrzahl der Studienteilnehmer einen Mangel an Einzel- und Gruppenarbeitsplätzen

auf dem Campus, der die Suche nach einem geeigneten Platz zu einem schwierigen Unterfangen macht: „*Wollten erst in die Bib, dort darf man aber nicht reden, dann in die Chemie-Bib → darf nichts trinken, draußen tröpfelt es → Studentenhaus: Sehr laut ☹ perfekt wäre: Zeitungsraum in der Bib, aber der ist seit Wochen geschlossen → Bauarbeiten*" (84:6) oder „*Wiwi-Bauten – man kommt zwar nach 20.00 nicht mehr rein, aber wenn man vorher schon drin ist ☺... leider geht das Licht alle 15 min. aus...*" (67:53).[111] Während viele Studierende den Heimarbeitsplatz für ‚einsame' Aufgaben wie Seminararbeiten (Hausarbeiten), Prüfungsvorbereitungen oder Recherchen – je nach persönlicher Lernpräferenz – gerade noch akzeptieren oder sogar schätzen, wird ‚Heimarbeit' nicht als adäquate Lösung für solche Arbeiten angegeben, die in Gruppen erledigt werden können oder sollen bzw. für deren Lösung Studierende sich auf die Hilfe durch ihre Kommilitonen angewiesen sehen. Insbesondere auch Pendler thematisieren einen Mangel an Gruppenarbeitsplätzen, da sie nicht die Möglichkeit besitzen, ihre Kommilitonen ‚mal eben' zur gemeinsamen Bearbeitung von Aufgaben nach Hause einzuladen.

Bestehende Arbeitsplatzkapazitäten lassen aus Sicht der Untersuchten zudem im Hinblick auf die Stromversorgung oder den Internetempfang zu wünschen übrig und befinden sich oft nicht nahe genug an Verpflegungs- oder Erholungsmöglichkeiten. Nicht unbedingt ein permanentes Nebeneinander, aber sehr wohl ein möglichst unkomplizierter Wechsel zwischen Arrangements des Lernens, der Entspannung und/oder des geselligen Miteinanders wird bereits jetzt honoriert und in stärkerem Maße gewünscht.

Die meisten Untersuchten plädieren dementsprechend für mehr und länger geöffnete Cafés auf dem Universitätsgelände, insbesondere wenn ihre Lehrveranstaltungen überwiegend in Campusbereichen stattfinden, die in weiterer Entfernung vom Campuszentrum liegen. Der empfundene Mangel an Gastronomiebetrieben auf dem Campus wird insgesamt recht gut durch die Nähe zur Innenstadt kompensiert – manche Restaurants, Bistros und Snackbars werden in der Raumwahrnehmung der Studierenden sogar einem ‚erweiterten Campus' zugerechnet.[112] Überhaupt kann die Innenstadtnähe als ein Pluspunkt betrachtet werden, der von den Studierenden hoch geschätzt wird und der das Image der Universität positiv zu beeinflussen scheint. Gleiches gilt für die räumliche Nähe zum Schlosspark. In

---

111   Ein weiteres Beispiel für einen kreativen Umgang mit dem besonders an Wochenenden subjektiv als Mangel empfundenen Angebot an Gruppenarbeitsplätzen findet sich in Logbuch 49: In diesem Fall baut ein Studierender seine WG zu einer ‚wochenendlichen Arbeitsfestung' um. Um Unterbrechungen oder Ablenkungen präventiv zu unterbinden und um gemeinsam mit Kommilitonen rund um die Uhr konzentriert an einem Studienprojekt arbeiten zu können, werden alle notwendigen Arbeitsmaterialien in die privaten Wohnräume verbracht und ausreichende Mengen an Lebensmitteln besorgt.

112   Siehe dazu auch Kapitel 4.1.3 ‚Stadtnähe: Die Lage des Campus Süd'.

punkto ‚Lebensqualität' vermittelt die geographische Lage zwischen Grün und City den Eindruck, dass die Universität Karlsruhe für jeden etwas Passendes zu bieten hat. Die Lage des Campus ist ein zentraler Aspekt für die Identifikation der Studierenden mit ‚ihrer' Universität, was Studierenden sehr wichtig zu sein scheint. Das Identifikationsbedürfnis von Studierenden wird in der Studie besonders deutlich erkennbar anhand a) der positiven Hervorhebung von Orten, die eine studentische Atmosphäre vermitteln, wie z.b. Mensahof und AKK, b) der positiven Anmerkungen zu Orten, die eine Aura des Ehrwürdigen verströmen und damit das Empfinden eines ‚Universitätsgefühls' auslösen, wie z.b. der Ehrenhof und c) der negativen Kommentare zu einer ungenügenden Sichtbarkeit der Campuseingänge – dabei insbesondere des Eingangs am Kronenplatz.

Von den Studienteilnehmern wird auch die Kunden- und Dienstleistungsorientierung der Universität, z.B. in Form der 24-Stunden-Bibliothek, sehr begrüßt. Die Bibliothek selbst wird eindeutig als Ort des Lernens und Arbeitens *„zentral im Campus"* (28:7) definiert, der grundsätzlich von den Studierenden begrüßt und sogar als ‚vorbildlicher Ort' gewertet wird. Das 24-Stunden-Ausleihsystem wird begeistert aufgenommen: *„Die Öffnungszeiten (dickes Plus) sind spitze"* (26:45), *„einfach genial mit dem Bücherabgabeautomat"* (47:23), *„das System zum Ausleihen und Abgeben der Bücher ist wirklich super!"* (69:45).[113] Auch der Seminarraum, der für Veranstaltungen gebucht werden kann, wird mit ähnlichem Enthusiasmus gelobt: *„Sehr praktisch, dass man diesen kostenlos für Gruppendiskussionen nutzen kann! So fördert die Uni Lernen und Eigeninitiative!"* (27:27). Auch die Zeitungsecke im Erdgeschoss wird prinzipiell begrüßt: *„Finde es sehr gut, dass man kostenlos Zeitung lesen kann, ein paar mehr Sitzgelegenheiten wären nicht schlecht"* (36:18).

Sehr unterschiedlich wird hingegen die Möglichkeit eingeschätzt, in der Bibliothek einen Arbeitsplatz zu bekommen. Dies scheint sehr stark von Klausurphasen und Tageszeiten abhängig zu sein und über den Tag hinweg zeichnet sich eine Verschärfung der Gesamtsituation betreffend Klima, Lautstärke[114] und Platzmangel ab. Dementsprechend reichen die Äußerungen von *„relaxing, man findet immer einen Platz"* (28:7) bis *„überfüllt, keine Chance das E-Technik Praktikum vorzubereiten → alternative: zu Hause → Mangel an Leseplätzen"* (36:45). Zur

---

113 Lediglich ein ‚Exot' beklagt, dass der Rückgabeautomat seine Bücher *„nie auf's erste Mal nimmt"*, was er *„zum Verzweifeln"* (77:37) findet.

114 Gerade der Geräuschpegel in der Bibliothek wird fast durchgängig negativ bewertet. Dieser wird auf unterschiedliche Quellen wie die automatischen Jalousien oder die „Bibliotheksmaschinen" (27:45) ebenso wie auf Flüstergeräusche von Studierenden und auf die Lüftungen der mitgebrachten Laptops zurückgeführt. Darüber hinaus wird immer wieder darauf hingewiesen, dass der im Gebäude befindliche Lichthof die Geräusche aus allen und auf alle Stockwerke ‚transportiert'.

Ermöglichung eines zeit- und/oder ortsungebundenen Studierens wünschen sich daher viele die Ausweitung von 24-Stunden-Services auch auf andere Angebote wie den ‚Online-Campus‘.

Bei allen verbesserungsbedürftigen Einzelaspekten bleibt abschließend zu erwähnen, dass das *geographische* Zentrum des Campus aus der Perspektive der Studienteilnehmer mit dem *sozialräumlichen* Campuszentrum identisch ist. Der Bereich zwischen Audimax, Forum, Mensa, Bibliothek und AKK wird als das Herzstück des Campus wahrgenommen, an dem das wissenschaftlich-universitäre sowie studentisch-kulturelle Leben pulsiert.

4.1.2 Mobilität: Verkehrsmittel – Verkehr – Wege

Wege bilden eine bedeutsame Dimension für Verhalten im Raum, und gerade Studierende, die im Laufe des Tages unterschiedliche Veranstaltungsorte und zentrale Einrichtungen wie das Rechenzentrum oder die Mensa aufsuchen, legen auf einem Areal mit den Ausmaßen des Karlsruher Campus unter Umständen mehrere Kilometer an Wegstrecke zurück.[115] Doch nicht nur die Wege auf dem Campus, sondern auch die Hin- und Rückwege sind als Teil der Campusnutzung mit zu betrachten. Aufgrund der zentralen Lage des Campus zwischen Innenstadt und Wohngebieten, seiner prinzipiellen Anbindung an den ÖPNV sowie an ein gut ausgebautes Radwegenetz, seiner Lage zwischen zahlreichen kostenpflichtigen Parkhäusern und dem unentgeltlichen Waldparkplatz sowie seiner Öffnung für den allgemeinen Autoverkehr nach 17.30 Uhr und am Wochenende, ergeben sich für die Bewerkstelligung der Wege zu und auf dem Campus zahlreiche Möglichkeiten.

Das beliebteste Verkehrsmittel sowohl für die Anreise zum Campus als auch die Fortbewegung auf dem Gelände ist eindeutig[116] das Fahrrad, was mit folgenden Äußerungen plakativ auf den Punkt gebracht wird: *„I Love Fahrrad-Campus"* (57:14) und *„RAD – DAS Verkehrsmittel für Karlsruhe"* (37:14). Das Radfahren scheint dabei nicht nur eine schnelle und günstige Fortbewegungsart zu sein, sondern auch die immer wieder als positiv herausgestellte Verbindung von Fortbewegung, Naturerleben und Erholung zu ermöglichen: *„Mit dem Fahrrad durch den Schlossgarten zu fahren, ist entspannend"* (65:10). Für eine Logschreiberin ist die-

---

115 Aus diesem Grund war im Design des Erhebungsinstruments explizit die Dokumentation von Wegen und Verkehrsmitteln vorgesehen. Auffällig ist die Ausführlichkeit, mit der die Wege teilweise kommentiert wurden, und die mehrfach anzutreffende Klassifikation von bestimmten Wegen oder Verkehrssituationen als ‚guten‘ oder ‚schlechten‘ Orten, was deren Bedeutung für die Raumwahrnehmung unterstreicht.

116 In 41 der 61 Logbücher wird eine regelmäßige und überwiegend intensive sowie in hohem Maße positiv bewertete Fahrradnutzung verzeichnet, die auch bei Regenwetter häufig beibehalten wird.

ses Erlebnis derart essenziell, dass ihre Tagesstimmung davon abhängt: *„Morgens auf dem Weg zu Uni keine frische Luft beim Fahrradfahren genießen zu können, lässt den Tag schlecht beginnen"* (82:48).

Das Radfahren auf dem Campus wird aber nicht nur als positiv, sondern häufig als schiere Notwendigkeit angesehen: *„Ohne Fahrrad ist Studentenleben die blanke Hölle"* (38:10). Insbesondere zeigt sich diese Notwendigkeit, wenn innerhalb kurzer Pausen zwischen zwei Veranstaltungen größere Distanzen überwunden werden müssen: *„Superlange Fahrt, ohne Fahrrad geht das nicht, Fahrt zum Sprachenzentrum mit dem Rad"* (35:10). Zu lange Wege werden ausnahmslos von Studierenden bemängelt, die sich (ausnahmsweise) nicht per Rad, sondern zu Fuß über den Campus bewegen: *„Weg zum RZ ohne Fahrrad viel zu weit, heute ausnahmsweise mit dem Auto da"* (34:6)[117]. Überraschenderweise wird das Fahrrad auch von den meisten befragten Pendlern zum Zurücklegen von Wegen auf dem Campus bevorzugt, zumindest von der Mehrzahl derjenigen, die mit öffentlichen Verkehrsmitteln anreisen.[118] Hervorzuheben ist dieser Befund deshalb, weil sich hieran zeigt, dass nicht nur ortsansässige Radfahrer ihr Fahrzeug zur Campusüberquerung nutzen, sondern dass Studierende insgesamt davon überzeugt zu sein scheinen, dass sich vor allem Veranstaltungen in abgelegenen Campusbereichen oder in den Außenstellen der Universität (z.B. Sprachenzentrum, Mackensen-Areal, Westcampus) fast nur mit dem Rad einigermaßen stressfrei, bequem, zeitnah oder pünktlich erreichen lassen.

Die Beliebtheit des Fahrrads führt an manchen Stellen zu einer Verdichtung, die – v.a. in Kombination mit anderen Verkehrsteilnehmern – den Verkehrsfluss stocken lässt und bisweilen sogar in gefährliche Situationen mündet. Diese Verdichtung wird in den Logbüchern v.a. für die Campuszugänge sowie für zwei konkrete Stellen auf dem Campus thematisiert. Bei den Zugängen werden v.a. der Kronenplatz und das Durlacher Tor problematisiert: *„Am Kronenplatz ist es immer besonders gefährlich als Radfahrer mit den vielen anderen Fahrrädern, Straßenbahnen, etc."* (14:10) oder *„Zugang zum Campus am Durlacher Tor könnte fahrradfreundlicher sein"* (47:53).

Zudem werden die zahlreichen Ampeln als lästige Behinderung des Verkehrsflusses zum Campus empfunden: *„Schlechter Ort am Campus heute: das Durlacher*

---

117 Weitere Kommentare dazu 23:10, 25:6, 34:6, 66:10, 78:6.
118 Die Kombination ‚ÖPNV + zu Fuß' ist selten vertreten (17, 77). Umgekehrt verfügen regelmäßig Auto fahrende Pendler anscheinend nicht über Fahrräder am Campus (23, 34). Die meisten Radfahrer unter den Pendlern parken ihr Rad in Campusnähe (15, 21, 41, 42, 51, 54, 78), vorwiegend am Kronenplatz, oder transportieren ihr Rad mit der Bahn zum Campus (84). Ein Logbuchschreiber besitzt sogar zwei Fahrräder: Eines, um die Anfahrtstrecke zum Bahnhof im Heimatort zurückzulegen, und ein weiteres für Wege auf dem Campus (67).

Tor. Eigentlich jede Kreuzung mit Ampeln in KA, aber besonders mehrspurige. Der Verkehr in KA ist nicht mal besonders dicht, warum ist er dann so absolut katastrophal geregelt??? In [...] musste ich mein Leben lang nicht so lange an Ampeln warten, kurioser Weise wohnen da aber mehr als 6-mal so viele Leute. Wie kann das sein?" (38:15). *„Durlacher Tor überqueren = halbe Weltreise (5 Ampeln!)*" (82:6).

Das Durlacher Tor und der Kronenplatz erweisen sich nicht zuletzt aufgrund ihrer Funktion als S-Bahnhaltestellen als wahre Umschlagplätze: Sie fungieren als Orientierungshilfen, Treffpunkte, Verkehrsknotenpunkte und insbesondere der Kronenplatz übernimmt durch die Ansiedlung von Dienstleistern (Post/Postbank, Copyshop, Schreibwarenladen, Bäckereien, Coffeeshops etc.) die Funktion eines Servicepunktes.[119]

Abbildung 25: Verkehrsknotenpunkt Durlacher Tor (38:15)

Als ‚neuralgischer' Punkt auf dem Campus selber wird die quasi als Kreuzung zu bezeichnende Verkehrsführung vor dem Paulckeplatz/AKK in Richtung Universitätsbibliothek, Mensa, Forum etc. beschrieben, bei der Fußgänger-, Rad- und

---

119   Dazu siehe auch Kapitel 4.1.3 ‚Stadtnähe – Lage des Campus Süd'.

Autofahrerströme besonders zu Stoßzeiten ungeregelt aufeinandertreffen: *„Radfahren von Forum zu Mensa nicht möglich"* (51:10) oder *„fast zwei mal überfahren worden, da die Autos vorm AKK und der Mensa rücksichtslos gefahren sind"* (65:18); *„hatte Unfall vor dem AKK, jemand war zu eilig unterwegs. Das Rad ist perfekt in KA, solange jeder Bremsen hat"* (38:6).

Auf einen weiteren Aspekt zum Thema Verkehrssicherheit weist folgender Eintrag hin: *„Kreuzung am Audimax/Halle 1+2. In beide Richtungen gerade Strecken für Radfahrer – manche kommen im Schuss von der Autobahnbrücke. Die Sicht ist schlecht und die Hecke wird wohl nie geschnitten. Bei der Autobahnbrücke versperrt Gebüsch oft auch die Sicht"* (38:23).

Neben der Verkehrssicherheit erscheint auf dem Campus insbesondere die Fahrradparkplatz-Situation als problematisch: *„Kaum sichere Stellplätze für das Fahrrad* ☹*"* (25:10). Vor allem die Zufahrt zur Mensa sowie der Mensa-Innenhof scheinen in der Mittagspause derart überfüllt, dass der Weg weder in seiner Funktion als Zubringer ideal genutzt werden kann noch ausreichend Stellplätze für die vorhandene Menge an Rädern bietet: *„Die ‚Parkplatzsituation' ist beschissen mit dem Rad an der Mensa"* (75:44) oder *„vor der Mensa ist wieder alles zugeparkt"* (85:6). Der Versuch, mit dem Rad am liebsten ‚bis in die Mensa hinein zu fahren', resultiert bisweilen daraus, dass die Studierenden ihre Mittagspause zeitlich optimieren wollen, da ihnen der Zeitraum zwischen 13 und 14 Uhr zu knapp erscheint.

Neben dem Fahrrad werden von den Untersuchten jedoch auch zahlreiche andere Fortbewegungsmöglichkeiten – meist in Kombination – genutzt: Sie sind sowohl zu Fuß als auch mit ÖPNV, Auto oder Roller unterwegs.

Der ÖPNV wird in den Logbüchern als zweithäufigstes Verkehrsmittel dokumentiert und nicht zuletzt durch die Anbindung des Campus an Haltestellen des KVV (Karlsruher Verkehrsverbund) – vornehmlich Durlacher Tor, Kronenplatz, vereinzelt auch Marktplatz – zum Erreichen und Verlassen des Campus rege genutzt. Der Campus selber kann nicht als vollständig durch den ÖPNV erschlossen gelten, wie folgende Grafik zeigt:

Abbildung 26: Die Erschließung des Campus durch Haltestellen des ÖPNV.
Die Kreise umfassen jeweils den gängigen innerstädtischen
Erschließungsradius von 300 m.

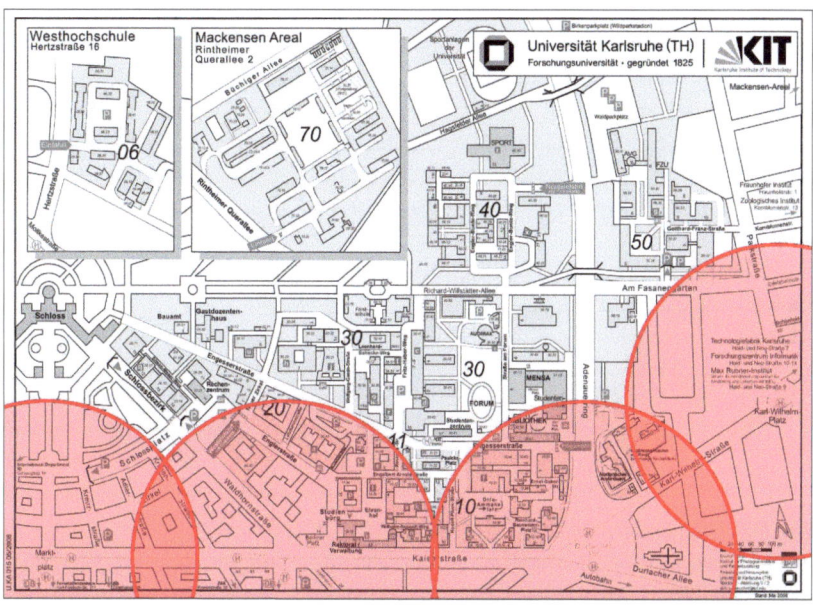

Grundsätzlich ist festzuhalten, dass die Teilnehmer der Studie die in Karlsruhe ge-
gebene Vielfalt an Fortbewegungsmitteln gerne in Anspruch nehmen und ihr je-
weiliges Mittel bedarfsorientiert aus einem breiten Spektrum auswählen, zu dem
nicht selten auch ein Auto gehört – sei es das eigene oder ein (z.B. von den Eltern) geliehenes.[120] Es wird hierbei für die Erledigung unterschiedlicher Dinge genutzt: die Anreise zum Campus generell *„zur Uni mit dem Auto"* (11:10), ebenso
wie für Einkäufe privater oder ehrenamtlicher Natur *„Einkaufen für Fest im AKK,
Autofahrt"* (27:22) oder die abendliche Fahrt zum Hochschulsport *„mit dem Auto
geht's eben schon schneller als mit der Bahn, Weg zum Hip-Hop-Tanzen"* (42:14).
    Während die Nutzung des Fahrrads – abgesehen von den genannten negati-
ven Begleiterscheinungen – mehrfach positiv belegt ist, wird bei der Autonutzung
v.a. die Zeitersparnis bei längeren Strecken hervorgehoben und das Thema dar-

---

120   In 26 der 61 Logbücher ist mindestens ein Mal im gesamten Erhebungszeitraum eine Auto-
      Nutzung dokumentiert.

über hinaus eher dokumentarisch abgehandelt: *„Blücherstr.* → *Nördliche Hilda-promenade* → *Frankstr.* → *Adenauerring, zur Uni mit dem Auto"* (11:18). In ei-nem Logbuch wird betont, dass man aufgrund des guten Straßenbahn-Netzes *„nie auf die Idee* [käme]" sich *„hier ein Auto zu kaufen"* (26:52). Negativ vermerkt wird im Bezug auf die Auto-Nutzung die eher als unkomfortabel empfundene Parksi-tuation: *„Weg zum Waldparkplatz und so weit außerhalb"* (34:6) oder *„mit dem Auto in Uni-Nähe parken ist zum Verzweifeln"* (16:40), die dementsprechend ver-mieden werden möchte. Ein Pendler hat diesbezüglich eine eigene Strategie ent-wickelt: Er parkt in einem anderen Stadtteil und geht von dort aus zu Fuß zum Campus: *„Parken am Bürgerzentrum Südstadt, zu Fuß zur Uni statt mit der Bahn (wegen der Figur* ☺*)"* (23:44). Bemerkenswert ist, dass die restriktive Abstellre-gelung für Autos dennoch eher vereinzelt kritisiert wird, wohingegen sich mehr-fach Einträge dieser Art finden: *„...generell stören mich die Autos bzw. der Verkehr* [auf dem Campus, Anm. d. Verf.]" (47:41).

Zu Fuß sind die Studienteilnehmer vor allem auf kürzeren Distanzen unter-wegs, d.h. dem Wechsel von einem Gebäude in ein anderes nahe gelegenes oder bei einem Abstecher in direkt an das Campusgelände angrenzende Innenstadtge-biete. Insgesamt werden nur in Einzelfällen alle Wege zu Fuß zurückgelegt (16, 22, 48, 61) – insbesondere dann, wenn der Campus von der Wohnung aus in we-niger als 10 Minuten erreicht werden kann.

Auffällig ist darüber hinaus, dass das Fahrrad dann stehen gelassen wird, wenn man mit mehreren Leuten unterwegs ist – besonders, wenn einer von den Wegbe-gleitern kein Rad besitzt: *„Zu fünft zur Kippe laufen, weil nicht alle ein Fahrrad ha-ben"* (63:26); *„Zu zweit zu Fuß, einer mit dem Fahrrad, zur Mensa laufen"* (20:14).

Daraus wird ersichtlich, dass die Funktionen von Wegen sich nicht in der reinen Distanzüberwindung erschöpfen, sondern darüber hinaus auch im wahrs-ten Sinne des Wortes als ‚Kommunikations- und Geselligkeitsstrecken' genutzt werden: *„Fußweg und Unterhaltung mit Kommilitonen"* (54:52); *„nebenher noch über das Praktikum diskutiert, Fußweg von der Mensa zur Physik"* (69:6); *„Weg zur Mensa/Cafeteria, unterwegs Besprechung wegen Studienprojekt"* (57:6). Ver-einzelt wurde aber auch die Radstrecke zur Kommunikation genutzt: *„Mit Rad 30 min. zum Campus, nebenbei mit Freisprecheinrichtung telefonieren"* (28:14).

Darüber hinaus wird Wegen in den Logbüchern neben Distanzüberwindung und Kommunikation noch eine dritte Funktion zugeschrieben: die der Entspan-nung und des Genusses. *„Guter Ort am Campus heute: der Alleeweg von 50.34 zum Durlacher Tor. Auf dem Weg konnte man richtig abschalten"* (14:15). Dabei wird die Lage des Campus in Angrenzung an Schlossgarten und Hardtwald sowie die Durchgrünung von Teilen des Campus besonders positiv hervorgehoben: *„Durch*

den Schlosspark morgens ist schön, zur Uni laufen" (22:18). Auch der Campus
selber eignet sich zum Spazieren gehen und Flanieren: *„Nochmal Abendspazier-
gang über'n Campus als Erholung"* (44:26), was die Gestaltung von Wegen als
wichtiges Element der Campusgestaltung generell herausstellt.[121]

Schließlich fallen bei der Dokumentation der Wege die so genannten Wegeketten – d.h. die Aneinanderreihung von Teilwegen zu einem Gesamtweg[122] – auf:
*„Vor dem Nachhausefahren im Audimax was besprochen, zum Maschbau-Container
und verschiedene Bäcker abgeklappert, mit dem Rad nach Hause fahren"* (60:6);
„auf dem Weg zur Uni-Bib noch Collegeblock gekauft und Bargeld geholt" (67:6).

Diese Wegeketten stellen keineswegs ein Spezifikum der Campusnutzung dar
(vgl. Kirchhoff 2002: 88), erfordern jedoch im Planungskontext besondere Aufmerksamkeit, da mit ihnen der Bedarf z.B. nach unkomplizierten Abstell- und Nut-
zungsmöglichkeiten für Fahrräder verbunden ist. Dies äußert sich beispielsweise
in dem Wunsch einer Studentin nach frei ausleihbaren Fahrrädern: *„Freie Fahrräder auf dem Campus, die man nehmen und abstellen kann, wo und wann man
möchte"* (25:35). Darüber hinaus weisen die Wegeketten auf eine nahezu selbstver-
ständliche Verflechtung von Campus und Innenstadt durch die Studierenden hin,
die auch für den städtischen Einzelhandel von Bedeutung sein dürfte und die den
Campus Karlsruhe von solchen Universitätsstandorten abhebt, die völlig aus dem
städtischen Kontext ausgelagert sind (dazu siehe auch das folgende Teilkapitel).

4.1.3 Stadtnähe: Die Lage des Campus Süd

Der Campus Karlsruhe Süd zeichnet sich durch seine Lage in unmittelbarer Nähe
sowohl zur Innenstadt als auch zu Wohngebieten ebenso wie zum Schlosspark
und dem angrenzenden Hardtwald aus, was eine Logschreiberin zu der euphori-
schen Bewertung veranlasst: *„Ich liebe, dass der Campus genau im Zentrum liegt!"*
(52:23). Diese zentrale Lage wird häufig mit einer gewissen Selbstverständlichkeit genutzt, indem z.B. der Nachhauseweg mit dem Erledigen von Einkäufen in
der Innenstadt verbunden wird: *„Auf dem Weg noch beim Bäcker und dm-Markt
vorbei, Weg zum Bahnhof"* (65:22) oder der Campus zum Ausgangspunkt für
sportliche Aktivitäten wird: *„Schnellster Weg in den Wald zum Joggen"* (63:31).
Auch die Nutzung der Innenstadt in Freistunden für einen *„Einkaufsbummel im
Ettlinger Tor"* (40:18) oder *„ein Bio-Essen mit Spaziergang durch die Stadt"* in

---

121 Erhalt und Ausbau all dieser Qualitäten sollten bei der Erstellung eines Wegekonzepts auf jeden
Fall mitgedacht und nicht zugunsten einer reinen Verkürzung und Beschleunigung vernachlässigt
werden.
122 Zur Definition von Wegeketten s. Kirchhoff 2002: 88.

der Mittagspause (61:10) stehen für die zahlreichen Verflechtungen, die von den Logschreibern in ihrem Tagesablauf zwischen Innenstadt und Campus hergestellt werden. Darüber hinaus finden sich auch Kommentare, die diese ,en passant' genutzte Möglichkeit der Vernetzung explizit als besondere Qualität herausstellen: *„Beim Heimweg noch Oliven vom Markt gekauft, praktisch wenn Arbeit, Markt und Wohnen so zentral sind"* (57:6) oder *„das Unigelände ist super gelegen, wenn man zum Stadtzentrum (Marktplatz) und Kronenplatz muss"* (24:11).

Besonders geschätzt werden von den Teilnehmern der Studie

1. die Dienstleistungsangebote (z.B. Schreibwarenladen, Friseur, Post/Postbank, Copyshops), die v.a. um den Kronenplatz und den Berliner Platz angesiedelt sind[123];

2. die Möglichkeit, sich dort mit größeren und kleineren Mahlzeiten zu versorgen (z.B. Supermarkt, Bäckereien, Cafés, Imbiss-Buden) sowie

3. die direkte Anbindung an das übrige Stadtgebiet.

Abbildung 27: Mental Map des Kronenplatzes (45:23)

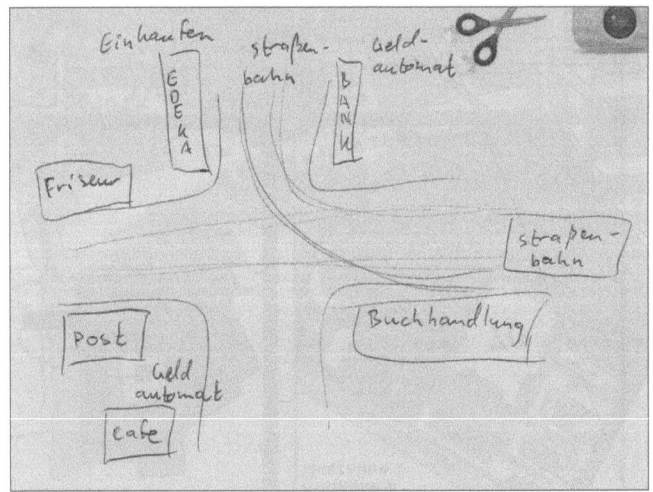

---

123   Der folgende Kommentar bringt die Vorzüge des Kronenplatz/Berliner Platz auf den Punkt: *„Hat fast alles: Einkaufen, Geldautomat, Postbüro, Café, Straßenbahnhaltestelle"*.

Besonders die beiden erst genannten Punkte korrespondieren mit den immer wieder geäußerten Wünschen nach mehr Serviceeinrichtungen und Verpflegungsmöglichkeiten auf dem Campus.[124]

Der Berliner Platz, von dem aus ein nahtloser, kaum wahrnehmbarer Übergang auf das Campusgelände erfolgt, scheint bei einigen Untersuchten mental zum Campus dazu zu gehören, so dass eine Studentin den Imbiss ‚Ballermann‘, der sich direkt gegenüber dem Gebäude 11.40 befindet, wie folgt kommentiert: *„Mitten auf dem Campus Imbiss → vor allem schnell einen Kaffee trinken oder in Freistunde ins Freie setzen + was trinken"* (63:45).

Gerade diese Unauffälligkeit, mit der der Campus Süd seine Besucher empfängt, wird jedoch auch kritisch betrachtet: *„Leider stellt sich dieser Ort kein bisschen als ‚Tor‘ oder Campuseingang dar. Zwischen Parkplätzen, Mülltonnen, Geschäften und Verkehrspollern muss man sich hindurchkämpfen, um auf den Campus zu gelangen..."* (20:53). Auch die ansässigen Läden bleiben von dieser Kritik nicht unverschont: *„Was ist das für ein Eintritt des Campus? Die Uni ist wirklich versteckt hinter diesen Läden – die haben fast nichts mit der Uni zu tun"* (71:7).

Abbildung 28: Der Campuseingang am Kronenplatz (20:53)

Besonders der im vorhergehenden Kapitel bereits als Knotenpunkt und Umschlags-
ort herausgestellte Kronenplatz mit dem direkt an den Campus angrenzenden Berliner Platz pendelt in der Wahrnehmung der Untersuchten offensichtlich zwischen
zwei Polen: der hilfreichen Servicezentrale, die studentischen Konsumbedürfnissen
entgegen kommt, einerseits und dem enttäuschten Wunsch nach einer eindeutigen
Identifizierbarkeit, die von einem Campuseingang erwartet wird, andererseits.[125]
    Neben der Nähe zur Innenstadt wird in sämtlichen Logbüchern der Schloss-
park positiv bewertet. Dieser grenzt direkt an das Campusgelände an und bietet sowohl Radfahrern als auch Fußgängern zahlreiche Zugänge zum Campus und verbindet ihn mit dem restlichen Stadtgebiet. Auch hier ist ein nahtloser Übergang
von Campus zu Nicht-Campus möglich, der allerdings im Gegensatz zu der der
Stadt zugewandten Erschließung in keinem einzigen Fall negativ hervorgehoben
wird. Vielmehr werden gerade diese Wege und Übergänge von vielen Logschreibern geschätzt und als eine Aufwertung empfunden, die sogar der Stimmung zuträglich ist: *„Mein Weg führt durch den Schlossgarten, dadurch fängt für mich jeder Uni-Tag gut an"* (82:6).[126] Dabei wird der Schlosspark bei weitem nicht nur
als Verkehrsweg genutzt, sondern scheint vielmehr für die Studierenden eine Art
‚erweiterten Campus' darzustellen, der in Freistunden und Mittagspausen rege genutzt wird: zur Rekreation ebenso wie für verschiedene Sportarten oder auch zum
Lernen. Diese mentale ‚Einverleibung' des Schlossparks in den Campus trägt vermutlich auch dazu bei, dass hierzu in den Logbüchern anders als bei den städtischen Übergängen keine mangelnde Identifizierbarkeit des Campus beanstandet
wird. Auch dem Wunsch nach einem besonderen Ambiente, der in den Logbüchern immer wieder artikuliert wird, kommt diese geographische Lage entgegen.

4.2 *Studentische Wahrnehmung und Bewertung des Campus*

Dank der Auskunftsfreudigkeit der Studienteilnehmer finden sich in den Logbüchern sehr detaillierte Informationen zu einer Vielzahl von Orten und Themen, die
weit über das einfache Bewertungsschemata ‚gut-schlecht' hinausgehen und da-

---

125   Da das Design des Erhebungsinstrumentes nicht explizit auf die Erfassung des städtischen Um-
      feldes ausgerichtet war und die Schreiber sich in ihren Aufzeichnungen auf die Campusnutzung
      konzentrierten, finden sich zwar zahlreiche weitere Anmerkungen zur Nutzung der Stadt, die
      jedoch in der Auswertung zum Campusnutzungsverhalten nicht in einem weiteren als dem hier
      dargestellten Maße systematisch berücksichtigt werden konnten. Auch für das Thema Stadt-
      Campus-Verhältnis würde sich eine Folgestudie anbieten.

126   Zur Bedeutung und Nutzung der Wege vgl. auch das vorhergehende Kapitel 4.1.3.

durch sowohl eindrückliche Ortsbeschreibungen zulassen als auch auf komplexe Zusammenhänge zwischen physisch- und sozial-räumlichen Aspekten hinweisen.[127]

Bei stark emotional aufgeladenen Ortsbewertungen, die – wenn auch nicht durchgängig, so doch immer wieder – zu finden sind, setzt häufig eine Selbstreflexion der Studienteilnehmer ein, die bewertungsrelativierend wirkt.[128] Insgesamt ist ein merkliches Bemühen zu verzeichnen, sowohl kritisch als auch authentisch zu sein und dabei nicht in eine Kritik um ihrer selbst Willen zu verfallen. Dies wird auch daraus ersichtlich, dass in keinem der 61 ausgewerteten Logbücher ausschließlich Kritik geäußert wurde und selbst in Logbüchern mit einem hohen Anteil an negativer Kritik positive Erfahrungen offen als solche geschildert werden. Darüber hinaus werden durchaus auch durchgängig positive Wertungen ‚zugelassen‘: *„Also alles in allem bin ich mit dem Campus sehr zufrieden!* ☺“ (23:64). *„Noch kein schlechter Ort. Ich mag diesen Campus"* (32:15).

Zu jedem der insgesamt 137 kommentierten Orte wurden wiederum zahlreiche einzelne Bewertungen abgegeben, die sich jeweils auf unterschiedliche Aspekte des Raumerlebens beziehen. Folgende sechs Bewertungsdimensionen konnten aus dem Material herausgearbeitet werden:

- *Bauen & Gestaltung*: Fassaden- und Innenraumgestaltung, Farbwahl, Materialität, Blickbeziehungen nach Außen, Lage/Einbettung des Ortes etc.

- *Komfort & Benutzerfreundlichkeit*: Bequemlichkeit des Mobiliars, Angemessenheit der Ausstattung etc.

- *Erscheinungsbild & Hygiene*: Gepflegtheit, Sauberkeit, Ordnung etc.

- *Soziales & Kommunikation*: Geselligkeit, gegenseitige Bezugnahme, Perspektivenübernahme etc.

- *Technik & Apparaturen*: Regulation von Temperatur und Frischluftzufuhr, Mikrofonie, Beleuchtungs- und Beschattungsregulation, Funktionieren von Messinstrumenten, Beamern, Projektoren, Steckdosen etc.

- *Organisation & Serviceorientierung*: Raumbelegung (Verhältnismäßigkeit von Raumgröße und Anzahl der Nutzer), Weitergabe/Transparenz von In-

---

127 Womit die Erwartungen, die an die Verwendung eines nicht-standardisierten Designs gekoppelt sind, erfüllt wurden. Zu den Methoden vgl. Kapitel 2.3 ‚Die methodische Anlage der Studie‘.

128 Beispielhaft hierfür ist die bereits in Kapitel 1.2 angeführte Belegstelle, an der ein Studienteilnehmer sein eigenes Raumempfinden relativiert, indem er darauf hinweist, dass dieses nicht zwangsläufig an die bauliche Substanz gebunden ist, sondern in hohem Maße von seiner jeweiligen Rolle abhängt: *„Hat Spaß gemacht vor einem vollen Hörsaal zu reden, war eine coole Erfahrung, man sieht den Hörsaal ganz anders"* (37:23). Gerade mit bestimmten Orten verbundene Erinnerungen und Erfahrungen sind integraler Bestandteil des subjektiven Wissensvorrates, welche den individuellen Raum maßgeblich mitkonstruieren.

formationen, zusätzliche Angebote wie Druck & Bindung von Dokumenten, Freundlichkeit des Personals etc.

Durch die Verschränkung mehrerer Dimensionen innerhalb einer Bewertung ergibt sich häufig das, was landläufig als die ‚Atmosphäre' eines Raumes bezeichnet wird: beispielsweise eine „gesellige Atmosphäre" (19:7) oder eine „andächtige Atmosphäre" (62:7), eine „Arbeitsatmosphäre" (40:11) bis hin zu „unatmosphärischen Räumlichkeiten" (20:45). Selten führt ein isolierter Aspekt zu einer abschließenden Ortsbewertung und meist werden unterschiedliche Dimensionen miteinander verschränkt – am obigen Beispiel der ‚Arbeitsatmosphäre' etwa sind es die Einzelaspekte der angenehmen Temperatur, der ausreichenden Frischluftzufuhr, dem Vorhandensein von Mobiliar und Infrastruktur, der nötigen Ruhe sowie der Möglichkeit, sich mit Essen und Trinken zu versorgen. Dabei haben sich jedoch in keiner Weise starre Bewertungsmuster nach dem Schema ‚guter Arbeitsplatz = Ruhe + funktionierende technische Ausstattung' gezeigt, sondern es scheint vielmehr auf die harmonische Kombination folgender Aspekte anzukommen:

1.   auf die auszuübende *Aktivität*,[129]

2.   die gängige Zweckbestimmung eines Ortes, der für diese Aktivität ausgewählt oder zugewiesen wird, sowie die damit verbundenen *Erwartungen* an diesen Ort, und

3.   die *Erfahrung* beim Ausüben der Aktivität und ggf. die Möglichkeit, den Ort für eine ursprünglich nicht vorgesehene Aktivität zu nutzen.[130]

Bei der Bewertung werden also verschiedene Orte in ihrer Eignung hinsichtlich einer bestimmten Aktivität überprüft und unter dem Abgleich von Erwartungen und Erfahrungen dann als mehr oder weniger geeignet oder ungeeignet, angenehm oder unangenehm empfunden.

Zur Verdeutlichung von derlei Bewertungsprozessen werden hier beispielhaft zwei Orte angeführt, die beide hinsichtlich ihrer Nutzbarkeit als ‚Lern- und Arbeitsort' bewertet werden, wobei das Fazit sehr unterschiedlich ausfällt.

---

129   Geselligkeit, Verpflegung, Erholung, Studium inkl. Studienorganisation, Sport, Inanspruchnahme zusätzlicher Serviceleistungen (z.B. technischer Support).

130   Eine Umnutzung ist häufig nicht direkt als solche geplant, sondern wird von den Akteuren mit einer gewissen Selbstverständlichkeit hervorgebracht. Nicht zuletzt deshalb werden solche Umnutzungen oder Funktionserweiterungen v.a. unter dem Begriff der Raumaneignung verhandelt (vgl. u.a. Läpple 1991; Löw 2001).

Das Beispiel AKK (Gebäude 30.81)

Das AKK ist vorrangig als Café und Kulturzentrum und somit als Ort der Kommunikation, der Rekreation sowie der (abendlichen) Freizeitgestaltung definiert. Studierende wollen hier v.a. relaxen, sich verpflegen, ein paar Worte wechseln, etwas erleben. Diese Erwartungen werden durch das Getränkeangebot, die Sitzmöglichkeiten, Veranstaltungen, eine hohe Besucherfrequenz etc. erfüllt. Besonders seine zentrale Lage sowie das ‚Mobiliar' (Biergarnituren) erlauben es aber v.a. bei gutem Wetter vielen, dort *auch* ihre Lern- und Arbeitsmaterialien auszupacken und etwas ‚für die Uni zu tun', wobei sie gleichzeitig ihrem Bedürfnis nach Kommunikation und Verpflegung nachkommen können. Dadurch werden die Erwartungen nicht nur erfüllt, sondern sogar übertroffen. Der vorrangig als Hort der Geselligkeit definierte Ort wird von den Studierenden selber – wenn auch nicht durch gänzliche Umnutzung, so aber zumindest durch Funktionserweiterung – auch zu einem Lernort ‚gemacht': *„Bei gutem Wetter der ideale Ort zum Abspannen/gemeinsam Lernen/Go-Spielen oder sonst irgendwas"* (22:19). *„Am AKK macht Lernen Spaß und ist produktiv. Ich bin dort irgendwie lärmunempfindlich und es gibt Kaffee"* (22:15). *„Guter Ort zum entspannt Arbeiten"* (75:23). Der Ort wird somit *auch* zu einem Arbeitsort und als solcher positiv bewertet, wobei die vorrangige Zweckzuschreibung auf dem Geselligkeits- und Erholungsaspekt liegt, so dass niemand ernsthaft auf die Idee käme, sich darüber zu beklagen, dass man am AKK einfach nicht in Ruhe lernen könne.[131]

Das Beispiel der Hörsäle HMU/HMO[132] (Gebäude 10.21)

HMU und HMO hingegen sind vorrangig als Hörsäle und somit als Orte des Lehrens und Lernens definiert. Studierende erwarten hier ein ihrem Empfinden nach konzentrationsförderndes Umfeld, das ihre Lernbemühungen durch eine gute Akustik, angemessene Sicht- und Lichtverhältnisse, ein angenehmes Raumklima sowie ein für 1,5-stündiges Sitzen und Mitschreiben geeignetes Mobiliar unterstützt. Wenn diese Erwartungen nur teilweise oder gar nicht erfüllt werden und sich keine Umnutzungsmöglichkeiten ergeben (was zumindest im Rahmen von regulären Lehrveranstaltungen kaum der Fall ist) werden Negativbewertungen abgegeben:

---

131 In den Logbüchern findet sich zumindest keine einzige Äußerung dieser Art, obwohl das AKK zu einem der am stärksten bewerteten Orte zählt. Etwas anders verhält es sich dagegen beispielsweise mit der Cafeteria im Chemiegebäude, an welche die Untersuchten eine gewisse ‚Lernorterwartung' herantragen.

132 Die Äußerungen in den Logbüchern beziehen sich auf die Zeit vor der Renovierung der beiden Hörsäle, die kurz nach der Durchführung der Studie vorgenommen wurde. Mittlerweile dürften die Kommentare dazu deutlich positiver ausfallen. Dennoch eignet sich das Beispiel als Anschauungsmaterial für grundlegendere Einsichten zum Verhältnis von Erwartung und Bewertung.

„Nach 1h Vorlesung gegangen. In dem Saal hat man Angst, dass der Stuhl unterm Hintern wegfault" (78:48). *„Der Hörsaal ist unbequem, schlecht ausgestattet. So kann man sich nicht richtig konzentrieren"* (85:7). Im Extremfall, der bisher nur selten vorzufinden ist, aber durch eine weiter wachsende Konkurrenzsituation der Hochschulen vermutlich zunehmen wird, sieht sich der Student in der Rolle des Kunden, dessen Erwartungen es zu erfüllen gilt: *„Flackernde Lampe und Bohrarbeiten (für was zahl ich eigentlich Studiengebühren, wenn nicht mal die Lampe geht?)"* (41:19).

Diese beiden Beispiele verdeutlichen, dass Orte nicht einfach deshalb, weil mit ihnen Anstrengung und Arbeit verbunden ist, negativ bewertet werden, während Freizeitorte prinzipiell positiv bewertet würden. Das AKK wird ,trotz' Lernen, teilweise gerade deshalb, als guter Ort beurteilt und die Tätigkeit des Lernens wird sogar als *„Spaß"* machend (22:15) empfunden. Hier lässt sich auch eine Meinung erkennen, die sich bei den Studienteilnehmern durchaus häufig findet: Lernen und Studieren schließen keinesfalls den ,Spaßfaktor' aus und Dinge, die mit Spaß einhergehen, entbehren nicht zwangsläufig einer gewissen Ernsthaftigkeit.

5 My Campus Karlsruhe goes ... ?

Aus den vorliegenden Ergebnissen lassen sich durchaus praktische Hinweise – etwa für ein Bauprogramm der Universität – ableiten. Dementsprechend wird im ersten Teil in Form einer fiktiven Rückschau aus dem Jahr 2018 ein Programm für den Umbau des Campus formuliert, das die artikulierten Bedarfe und Wünsche der Studienteilnehmer unmittelbar aufgreift. Selbstverständlich gehen in Campusplanungen nicht nur die Veränderungswünsche der Studierenden ein – traditionell größeres Gewicht haben die Bedürfnisse der Forschenden und Lehrenden an den Universitäten. Ein solches Programm versteht sich also als ein vorläufiges, das vor einer tatsächlichen Umsetzung mit den Bedürfnissen anderer Nutzergruppen, z.B. auch denen der Stadtbevölkerung, abgestimmt werden müsste – von der Begrenzung durch finanzielle Ressourcen einmal ganz abgesehen. Insofern ist dieser Spaziergang also als eine Utopie zu verstehen, welche die bisher (v)ermittelten Wünsche, Ideen und Anregungen anschaulich bündeln möchte. Um bei allem utopischen Gehalt dieser Ausführungen dennoch auf Realisierungsmöglichkeiten hinzuweisen, werden im zweiten Teil des Kapitels Beispiele aus anderen Universitäten im In- und Ausland dokumentiert, in denen Aspekte, die von den Teilnehmern der Campusstudie angesprochen wurden, bereits umgesetzt sind.

5.1 Ein virtueller Spaziergang über den idealen Campus

Beschrieben wird der fiktive Campus-Spaziergang eines Studenten mit einem Alumnus der Universität im Jahre 2018. Der Student berichtet über die Entwicklungen, die in den letzten 10 Jahren stattgefunden haben. Dabei sind viele der Vorschläge aus den Logbüchern aufgegriffen worden und einiges wurde sinngemäß aus den formulierten Defiziten und Potentialen entwickelt. Es wird deutlich, dass eine Reihe von Anregungen keine teuren Baumaßnahmen erfordert, sondern lediglich einer intelligenten Nutzung des Bestehenden oder einer klugen Gestaltung des Programms für ohnehin vorgesehene Baumaßnahmen bedürfen.

„Der Campus Süd des KIT ist schon 2008 sehr attraktiv gewesen und auch damals wurde seine Nähe zur Innenstadt einerseits, zum Schloss und zum Wald andererseits besonders geschätzt. Seit damals sind Räume für unterschiedliche Arbeitssituationen hinzugekommen: für die Arbeit allein und in Gruppen, drinnen und draußen, in der Sonne und im Schatten. Die *Arbeitsräume* werden jetzt alle mit Tageslicht versorgt und sind gut belüftet. Man kann sie allein oder in Gruppen, abends und am Wochenende benutzen. Wir können ihre Belegungspläne kurzfristig und unkompliziert übers Intranet der Uni checken und auch auf diesem Weg buchen, sofern sie frei sind. So findet man eigentlich immer irgendwo einen Raum. Zutritt erhält man mit der FriCard – dem elektronischen Studentenausweis, der ja schon 2002 eingeführt wurde. Dadurch dass die Nutzer gespeichert sind, kommt niemand auf die Idee, Unordnung zu hinterlassen oder die Einrichtung zu zerstören. Alle haben sich daran gewöhnt, die Räume gut zu behandeln.

Viele Arbeitsräume haben außen an der Tür eine Anzeige, an der man sehen kann, ob der Raum belegt ist. Es geht also nicht dauernd die Tür auf. Man ist wirklich ungestört. Wir haben jetzt viele Möglichkeiten, einen PC anzuschließen; den Gruppenräumen sind an einigen Stellen Servicetheken zugeordnet, wo man Hilfsmittel für die Arbeit ausleihen bzw. nutzen kann: vom Locher und Schnellhefter bis zu Drucker und Flipchart. In Service-Räumen können wir mit einem Beamer unsere Präsentationen testen oder üben. Neu sind auch die Lernboxen, in die man sich für jeweils ein paar Tage mit vielen Büchern zurückziehen kann.

An schönen Tagen bietet der Campus vielfältige *Lernräume im Freien*: Es ist ein schönes Bild, die Studenten draußen beim Lernen und Diskutieren zu sehen und es entsteht dadurch zeitweise eine Atmosphäre wie in einem Bienenstock – der Campus summt richtig. Die Arbeitsplätze sind teils überdacht, teils liegen sie im Schatten. In der Übergangszeit werden die sonnigen Plätze besonders geschätzt. Es gibt ausgesprochen individuell gestaltete Sitzplätze, an die man sich allein zurückzieht. Besonders beliebt sind die neuen Arbeitsplätze oben auf einigen der Flachdächer, wo man ruhig und ungestört sitzen kann und von denen aus man weit über das Unigelände hinausblickt.

Die Stoßzeiten in der *Mensa* haben sich entspannt, denn der Belegungsplan für die Hörsäle und Seminarräume läuft im 1½-Stundenrhythmus über den gesamten Tag. Die früheren Belastungsspitzen zwischen 13 und 14 Uhr können sich auf einen längeren Zeitraum verteilen. Das Essen wird dadurch angenehmer und kann mit Gesprächen und Lesen verbunden werden. Nach dem Mittagessen gehen wir gern auf dem neuen Volleyballfeld eine Runde spielen.

Außerdem kann man jetzt auf dem Campus an verschiedenen Stellen Getränke und Essen kaufen. Nicht, dass der Campus eine Fressgasse geworden wäre, aber es sind an mehreren Stellen gezielt Cafés, Ethno-Food-Läden, Suppenküchen, Bio-Gaststätten, Studentenkneipen und auch Automaten angesiedelt worden. Das bringt

Abwechslung in den Speiseplan. Einige dieser Angebote haben auch abends und an den Wochenenden geöffnet. Es wird einem erleichtert, dann zu lernen, wenn es in den individuellen Tagesablauf passt. Dies hatte ja 2006 mit der 24-Stunden-Bibliothek begonnen. Die Literatur-Gaststätte am Schloss ist zu einem Treffpunkt der intellektuellen Szene von Karlsruhe geworden. Schön, dass man hier auch mal Leute trifft, die nichts mit dem KIT zu tun haben.

Die meisten *Hörsäle* sind jetzt natürlich belichtet und man sitzt bequemer, die Räume inszenieren ihre eigene Geschichte und haben ein individuelles Gesicht wie früher schon der Tulla-Hörsaal, der Hertz-Hörsaal oder das Audimax. Auch ihre Bewirtschaftung orientiert sich an den Nutzerwünschen: Die Temperatur und Belüftung in den Hörsälen kann vor Ort nachreguliert werden, die Belüftung ist viel effektiver geworden. Es gibt Sitzplätze, in denen auch große Menschen bequem sitzen; generell ist die Bestuhlung der Hörsäle nach und nach modernisiert und verbessert worden: Klapptische sind groß genug, um einen Schreibblock darauf zu legen. Alle Hörsäle sind für Behinderte erreichbar.

Das AKK am Paulckeplatz ist immer noch der *Nukleus des studentischen Lebens*: Hier ist immer was los, hier trifft man sich, man sieht und wird gesehen. Man kann jetzt von hier zur Mensa und zum Forum blicken, diese Weite tut dem Zentrum gut. Auch die Plätze vor den Eingängen zu den Fakultäten sind im Semester kleine ‚Bühnen': Treppen, auf denen bei schönem Wetter die Studenten in der Zeit zwischen zwei Veranstaltungen Platz nehmen, eine Brezel essen, ihre Pausenzigarette rauchen – Orte der unverbindlichen Begegnung. Man hat beim Aus- und Umbau der Gebäude darauf geachtet, dass die Eingänge gut gestaltet und für diesen Zweck ausgestattet werden.

Neuerdings gibt es auch Gelegenheiten, sich zurückzuziehen und zu entspannen. Die witzigen farbigen überdimensionierten Kissen der letzten documenta und die Liegesessel in den ehemaligen Computerpools in den Untergeschossen werden gern und regelmäßig dafür genutzt. Power naps helfen sehr effektiv, die Lernkurve danach noch für ein paar Stunden aktiv zu halten. Viele kommen auch hierher, um einfach mal eine halbe Stunde in Ruhe abzuschalten!

Es sind *neue Gebäude* hinzugekommen: nicht nur für die Fakultäten, sondern auch einige Wohnheime am Rande des Campus. Trotzdem wurden Flächen wie das Forum mit seiner Weite oder die Willstätter Allee mit ihrem Waldcharakter gestärkt und nicht angetastet. Sie werden auch heute von allen am KIT sehr geschätzt.

Der *Verkehr* ist jetzt anders organisiert. Die kleine Bahn im Schlossgarten wurde durch eine moderne Bahn ersetzt, mit der Stadtbahn vertaktet und fährt heute bis zur Stadtbahnhaltestelle am Durlacher Tor. Drei Haltestellen auf dem Campus: Das war ein Komfortsprung. Die Touristen und Gäste finden die Fahrt über den Campus auch interessant. Sie steigen jetzt manchmal aus, um sich die neuen Ausstellungen über aktuelle Forschungsergebnisse anzuschauen. Viele Parkplätze sind unter die Erde oder an den Rand verlegt worden. Seitdem fahren Autos – wenn überhaupt – nur noch in langsamem Tempo und sehr rücksichtsvoll über den Campus und halten in den meisten Höfen nur noch zum Be- und Entladen.

Der Campus ist auch komfortabler für Fußgänger erreichbar: Zügige Fußweganbindungen verbinden ihn mit den angrenzenden Quartieren, vor allem aber mit den beiden großen Stadtbahn-Anschlusspunkten Durlacher Tor und Kronenplatz. Viele Wege sind breit und bequem, so dass man sich auch in Gruppen gut unterhalten und entspannt seiner Wege gehen kann. Die Verkehrsströme sind neu geordnet und besser aufeinander abgestimmt: Es gibt schnelle Fahrradverbindungen in die gesamte Stadt und in den Wald hinein, die auch auf dem Campus als zügig befahrbare Radwege fortgesetzt werden. Sie kreuzen jetzt die Fußwege auf gerader Strecke, dadurch ist die Zahl der (Beinahe-)Unfälle gesunken. Radfahrer finden ein differenziertes Angebot an Abstellmöglichkeiten vor: Neben den Abstellplätzen im Freien gibt es überdachte, nachts verschlossene Abstellräume, in denen das Rad gegen eine Gebühr auch tage- und wochenlang parken kann, mit einer Fahrradwerkstatt und kostenlosen Fahrradreifenpumpen. Das Leihradsystem der Bahn ist systematisch auf den gesamten Campus ausgedehnt worden. Restriktiv wird von den Hausmeistern das Parken von Fahrrädern vor den Eingängen oder im Mensahof behandelt. Nach kurzer Zeit hatte es sich herumgesprochen, dass es lästig ist, sein Rad gegen eine Gebühr im Werkhof abzuholen. Heute halten sich alle daran, diese Bereiche freizuhalten. Es gibt schließlich genügend Möglichkeiten, das Rad legal abzustellen.

Der *Service* auf dem Campus geht mehr als früher auf unsere Bedürfnisse ein. Alle Fakultäten haben Online-Angebote als Ergänzung zu den Vorlesungen und Übungen: Man kann sich die Folien herunterladen, Übungsblätter werden online ausgegeben und eingesammelt, Vorlesungen sind als Sprachdatei auf der Webseite abgespeichert. Manchmal sind es nur Kleinigkeiten: Es gibt Spinde für Bücher oder Laptops, die mit der FriCard[133] als Schlüssel funktionieren – darüber freuen sich die Pendler, die über das Wochenende heimfahren. Wasserspender sind gerade im Sommer in den kurzen Pausen zwischen zwei Vorlesungen nützlich. Und inzwischen werden auch alle WCs regelmäßig gewartet und sind intakt. Es gibt ein Vorschlagswesen, mit dem wir Verbesserungen anregen können. Und das Wichtigste: Den Hinweisen und Vorschlägen wird anschließend auch tatsächlich nachgegangen.

---

133 Ein Studierendenausweis, der heute bereits als Geldbörse für Mensa etc, als Bibliotheksausweis, als Semesterticket und zur Zutrittskontrolle dient.

Baustellen werden angekündigt und ihre Dauer wird auf Infotafeln erläutert. Bauarbeiten finden wenn möglich nachts oder in der vorlesungs- und prüfungsfreien Zeit statt, um die Störungen zu minimieren. Reinigungskräfte sind so geschult worden, dass sie auf den Hochschulbetrieb Rücksicht nehmen, sich ggf. flexibel verhalten und Störungen von Lernsituationen vermeiden.

Die *Beleuchtung* ist auf dem gesamten Campus überprüft und ergänzt worden. Attraktive Gebäude oder Bäume werden nachts mit Licht inszeniert, Angsträume sind identifiziert worden und werden besser ausgeleuchtet. An einigen Stellen gibt es Notruftasten. Ein klares und übersichtliches Orientierungssystem auf der Basis von Straßennamen und Hausnummern hilft Studierenden und weniger Ortskundigen, sich leicht und schnell zurecht zu finden.

Der Campus ist ein besonderer Ort. Er hat eine eigene *Identität und Atmosphäre*, die ihn von anderen Gebieten in der Stadt unterscheidet und er ist auch weiterhin von der Stadt getrennt. Orte wie der Ehrenhof mit Gestalt, Proportion, Charakter und einer gewissen Intimität bilden jetzt mit anderen Freiräumen ein Netz, das die Atmosphäre der Kreativität, die Aura von Bildung, Forschergeist und Elan ausdrückt. Diese Freiräume sind Treffpunkte und Aufenthaltsorte, Orte der Begegnung und Ruhe, des Studiums, der Freizeit und der Kultur. Unterschiedliche Bepflanzung unterstreicht die Vielfalt, Wasserflächen wirken erfrischend, beruhigend und entspannend.

Der Campus fördert das Zusammengehörigkeitsgefühl der KIT-Mitglieder und unterstützt uns bei unseren individuell unterschiedlichen Formen des Studiums. Es ist ein Ort, an dem man sich gerne aufhält, an den man gerne denkt und an den man sicherlich auch gerne zurückkommt."

5.2 Der Blick nach außen: Campusentwicklung anderswo

Im Folgenden werden einige aktuelle Planungen für Campusgelände und Universitätsgebäude im In- und Ausland vorgestellt, in denen Themen aufgegriffen wurden, die von den Teilnehmern der Campusstudie als verbesserungsbedürftig artikuliert wurden.[134]

Die Projekte werden beispielhaft und nicht vollständig, sondern lediglich hinsichtlich einzelner Aspekte vorgestellt: Es geht dabei um Maßnahmen auf ganz

---

134 Recherchiert wurde in den Jahrgängen 2006-2008 der Zeitschriften architektur.aktuell, Bauwelt, db deutsche bauzeitung, DBZ Deutsche BauZeitschrift, DETAIL und Garten+Landschaft, sowie darüber hinaus online (z. B. www.competitiononline.de, letzter Zugriff 31.10.2009; Websites von Architekturbüros) und in Fachpublikationen. Aus über 150 gesammelten Projekten wurden die hier vorgestellten Beispiele ausgewählt.

unterschiedlichen Maßstabsebenen – vom Fahrradständer bis zur Gesamtkonzeption. Bei der Auswahl der ‚Innovationen' wurde bewusst die Perspektive der studentischen Nutzer eingenommen – nicht die des Bauherrn –, so dass ebenfalls relevante Themenkomplexe wie etwa der energetischen Sanierung von Gebäuden (vorläufig) ausgeklammert bleiben mussten.

1. Die Studienteilnehmer äußerten den Wunsch nach *mehr Versorgungsmöglichkeiten* auf dem Campus. Dieser Gedanke der Anreicherung mit neuen Nutzungen ist mittlerweile in vielen Campus-Planungen enthalten, wie die folgenden Beispiele zeigen:

Der Rahmenplan für den Campus der Universität des Saarlandes enthält diesen Vorschlag und möchte das Zentrum der Anlage verdichten. Der Kernbereich auf einem ehemaligen Exerzierplatz wandelt sich zum zentralen Forum mit Café, Geschäften und der Bushaltestelle (Thomanek 2008, Löw 2002).

Der Novartis Campus, ein Werkscampus in Basel – der in diese Reihe streng genommen nicht hinein gehört, weil es sich nicht um einen Uni-Campus handelt – nutzt bewusst das Konzept, Büros und Labors auf kleinen Grundstücken in einem leicht begreifbaren städtischen Straßenraster zu errichten. Dies hat auch den Effekt, dass Straßen und Wege stärker frequentiert werden, was zufällige Begegnungen und einen ungezwungenen Austausch mit Kollegen fördern kann. Dies wird dadurch unterstützt, dass keine zentrale Kantine vorgesehen ist, sondern verschiedene Restaurants, Cafés und Bistros in einer zentralen Avenue, die das Rückgrat des Gebietes darstellt, unter Arkaden und Bäumen vorgeschlagen werden (Lampugnani 2007).

Am innerstädtischen Standort der ETH (Eidgenössische Technische Hochschule) Zürich soll eine Verknüpfung mit städtischen Nutzungen, hier zwischen Wissenschafts- und Kulturbetrieb entstehen: Die Universität, das Universitätsspital und das Kunsthaus Zürich schließen sich zusammen, um eine gemeinsame Bildungs- und Kulturmeile in der Innenstadt zu entwickeln. Sammlungen der Hochschule sollen öffentlich gemacht werden, eine Flanierstraße und großzügige Freiräume sollen die Attraktivität des Hochschulareals steigern (Höger 2008).

Dagegen schlägt der Masterplan für den ETH-Campus Hönggerberg am Stadtrand von Zürich vor, Qualität durch einen anderen Nutzungsmix sicher zu stellen: Hier soll neben Lehre und Forschung in Zukunft auch gewohnt werden; Museen, andere Kultureinrichtungen und viele unterschiedliche öffentliche Freiflächen sollen den Campus zu einem „Stadtquartier für Denkkultur" transformieren (Christiaanse, Schneider 2008).

Abbildung 29: Novartis Campus in Basel

Abbildung 30: ETH-Campus im Stadtzentrum von Zürich

2. Die Studierenden wünschten sich vielfach eine *Erkennbarkeit des Campusraumes*, wie sie beispielsweise durch eine ‚zeichenhafte Architektur‘ unterstrichen werden könnte. Die Haltung vergangener Jahrzehnte, bei der die Universität sich im Stadtraum kaum von anderen Büro- oder Laborgebäuden unterschied, scheint nicht mehr zeitgemäß. Neuere Universitätsplanungen sehen dies oft vor – auch beim Umbau von bestehenden Gebäuden. Aus der großen Zahl von Lösungen sollen drei erwähnt werden:

An der Freien Universität Berlin ist der Neubau der Philologischen Bibliothek (‚The Brain‘) von Norman Foster mittlerweile zum Aushängeschild geworden. Zusammen mit dem umgebenden Gebäudekomplex aus den 1970er Jahren veranschaulicht das 2005 eröffnete Bauwerk zwei entgegengesetzte Haltungen der (Hochschul-)Architektur. Auf der einen Seite repräsentiert die ‚Rostlaube‘ das Streben nach flachen Hierarchien, Freiheit und Gleichheit, das sich baulich ausdrückte in einem Netz aus Gängen und Räumen ohne festgelegte innere Ordnung. Auf der anderen Seite bedient die Kuppel von Foster den Wunsch nach Zeichenhaftigkeit, Markenbildung und Identität (Kleilein 2005, Geipel 2005).

Abbildung 31: Freie Universität Berlin

In Aachen wurde 2008 ein zentrales Universitäts-Gebäude der Rheinisch-Westfälischen Technischen Hochschule (RWTH) als Pendant zum Kaiserdom errichtet: Der als ‚Super C' benannte Neubau mit einem weit auskragenden Dach direkt neben dem Hauptgebäude der RTWH beherbergt zentrale Dienstleistungen wie Studierendensekretariat, Auslands- und Prüfungsamt und wendet sich der Stadt und dem Dom mit großer Geste zu. Ein neuer grüner Freiraum vor dem Gebäude, das auch Räume für externe Veranstaltungen bietet, unterstreicht zusätzlich die gewünschte Anbindung der Hochschule an die Innenstadt (Stadt Aachen 2007: 40).

Abbildung 32: ‚Super C' in Aachen

Bei der Planung für das Gebäude der Philosophisch-Theologischen Hochschule St. Georgen in Frankfurt/Main gingen die Architekten einen ganz anderen Weg: Der Neubau für Hörsäle und Institute wird sich mit der Zeit in einen Teil des umgebenden Parks verwandeln – seine Außenhülle ist mit einem Metallnetz überspannt, das im Laufe der Jahre von dichten Pflanzen bewachsen wird. Der Hochschulkomplex liegt inmitten eines weitläufigen Parks mit altem und seltenem Baumbestand, in den der ‚grüne Kubus' sich unauffällig einpassen soll.[135]

Abbildung 33: ‚Grüner Kubus' in St. Georgen

135   Vgl. Kissler + Effgen. Online verfügbar unter http://www.kissler-effgen.de/index.php?nav_id=02_03_03&pro_id=3&pro_nav=1 (letzter Zugriff 31.10.2009).

Abbildung 34: ‚Grüner Kubus' in St. Georgen

3. Die Studierenden wünschten sich *qualitätvolle Aufenthaltsräume* und Freiflächen, *Bewegungsräume* für den Fahrradverkehr und den Fußgänger-Verkehr sowie klare, ästhetisch ansprechende und v.a. komfortable *Eingangssituationen.* Tatsächlich wird der Verkehr in vielen Campusanlagen neu geordnet: Bei solchen Konzepten, die entsprechend meist mit Freiraum-Gestaltung verbunden sind, verschiebt sich die Balance zwischen dem ruhenden und fahrenden Autoverkehr zugunsten der Radfahrer und Fußgänger.

In Aachen beispielsweise soll der Fahrverkehr auf den Straßen im Gebiet des Innenstadt-Campus der RWTH reduziert werden. Um dies deutlich zu machen, sollen z.B. vorhandene Plätze über die angrenzenden Straßen hinweg in ihrer Zusammengehörigkeit gestärkt werden und die Straßenfahrbahn tritt in ihrer Erscheinung zurück. Der Straßenraum soll in vielen Fällen als zusammenhängende, höhengleiche Fläche ausgebildet werden, die alle Verkehrsteilnehmer gleichberechtigt nutzen (Stadt Aachen 2007: 30). Freiflächen werden aufgewertet – als Orte der Begegnung, des Rückzugs, der Unterhaltung, des Sehens und gesehen Werdens. Überdimensionierte Erschließungsflächen und abgenutzte oder ungestaltete Außenanlagen sollen durch ein System von Freiflächen gegliedert werden: weitläufige „Campus Greens", Multihöfe und „grüne Nischen" (Stadt Aachen 2007: 18 ff).

Abbildung 35: Aachen Freiraumkonzept

Neue Eingänge auf den Campus wurden z.B. bei der Universität Bremen entwickelt: Hier fährt seit 1998 die ‚Technologie Linie' der Bremer Straßenbahn mitten in den Campus hinein und verbindet ihn mit der Innenstadt und dem Flughafen. Die Ankunft in der Uni wird neu definiert: Wer im Zentralbereich der Universität aussteigt, gelangt von der Haltestelle direkt in eine neue Empfangshalle. Dort erhalten Ankommende über Displays sofort Informationen zu Veranstaltungen; die Halle bietet verschiedene Ladenangebote und dient als Treffpunkt. Da der Bremer Campus durch Rampen und Fußgängerwege auf Höhe des ersten Obergeschosses geprägt ist, tragen Haltestelle und Halle außerdem zu einer Wiederbelebung der Erdgeschosszone bei (DASL Landesgruppe Niedersachsen-Bremen 2007).

Abbildung 36: Universität Bremen

4. Die Studienteilnehmer wünschten sich *Raum für Einzel- und Gruppenarbeit* und zum *Entspannen.* Hierfür sind intelligente Lösungen möglich, die nicht notwendigerweise die Kosten in die Höhe treiben, wie die folgenden Beispiele zeigen:

Zusätzliche Arbeitsräume in reduziertem Standard wurden bei Neubauten für die ENSA (École Nationale Supérieure d'Architecture) in Nantes errichtet. Das französische Architekturbüro Lacaton & Vassal setzte sich über die Vorgaben für Universitätsgebäude hinweg und führte vor, wie sich bei Universitätsbauten mit einem festgelegten Budget durch einfachste Ausführung deutlich mehr Raum erzielen lässt als vorher geplant. Die Großzügigkeit der Räume und die Freiheit der Nutzung erhielten den Vorzug vor kostenintensiven Bauweisen und Materialien. Die Fakultät in Nantes bekam zusätzlich zu den geforderten 12.500 qm (in der Abbildung gelb-grüne Fläche) ‚zum selben Preis' 5.500 qm „Extraspace" (hellgraue Fläche) sowie 8.000 qm Terrasse (Geipel 2007).

Abbildung 37: ENSA in Nantes

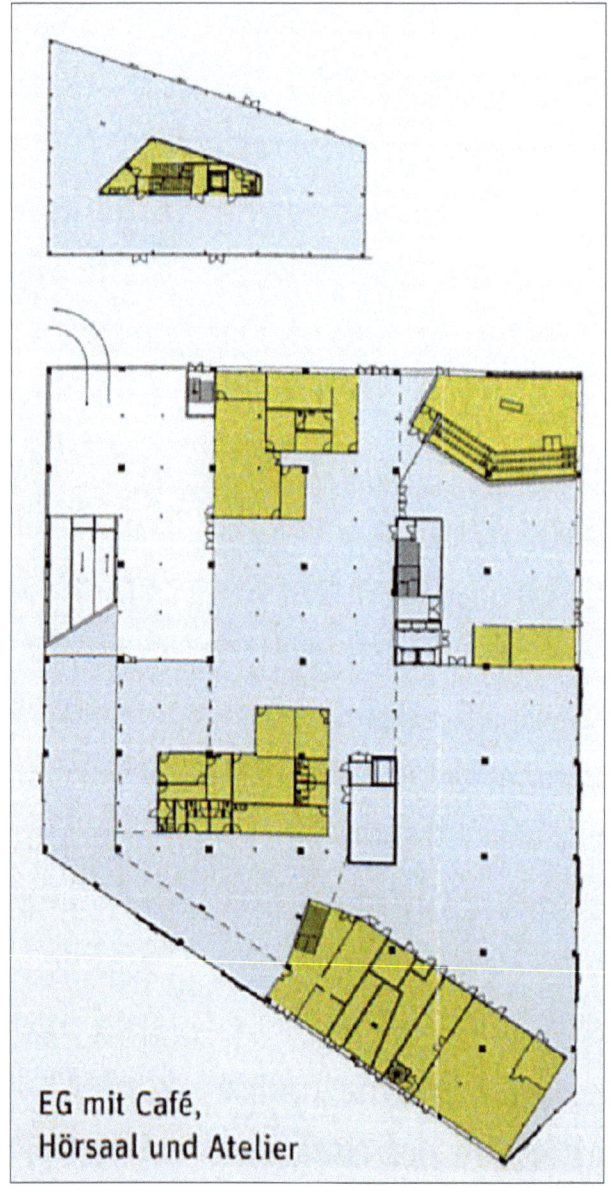

Abbildung 38: ENSA in Nantes

Studentische Arbeitsplätze sind an der RWTH Aachen in einem „Mogam", einem Haus mit 150 Plätzen geschaffen worden. Diese werden in dem gleichzeitig als Lounge und Atelier nutzbaren Gebäude nicht dauerhaft vergeben, sondern täglich neu je nach Bedarf belegt. Den Studierenden bietet sich hier eine Möglichkeit, in Gruppen oder auch alleine zu lernen oder sich einfach nur zwischen den Lehrveranstaltungen aufzuhalten (Kegler 2008). Das Haus ist das ganze Jahr über täglich von 7 bis 20 Uhr geöffnet, um Ordnung und Sauberkeit kümmern sich die Fachschaften.[136]

---

[136] Informationen aus einem Gespräch mit Christine Blesinger, Fachschaft Maschinenbau RWTH Aachen, 30.10.2008.

Abbildung 39: RWTH in Aachen

5. Die Studierenden wünschten sich eine einfachere Orientierung auf dem Universitätsgelände.

Tatsächlich ist das *Orientierungssystem* in Campusquartieren vielfach nutzerunfreundlich, da es auf dem Raumverzeichnis und der Gebäudenummerierung der Universitätsbauverwaltung aufbaut und sich nicht an den Wahrnehmungen von Besuchern orientiert.

Die Universität des Saarlandes in Saarbrücken hat dies geändert: Hier wird statt der bisherigen chronologischen Nummerierung der Gebäude eine hierarchische Gliederung in Bereich / Gebäudeensemble / Gebäudenummer zugewiesen, wobei jeder Bereich eine andere Farbe erhielt. Oberstes Ziel ist die leichte und schnelle Orientierung auf dem Campus. Neue Informationstafeln an allen Kreuzungen und Weggabelungen sollen dabei helfen (Veauthier 2004).

Abbildung 40: Universität des Saarlandes in Saarbrücken

Abschließend scheint ein Beispiel erwähnenswert, welches für eine grundlegende Nutzerorientierung steht und die räumlichen Aneignungspraktiken von Studierenden bereits in die Konzeptionsphase mit einbezieht:

Im McCormick Tribune Center am IIT (Illinois Institute of Technology) in Chicago ist die Idee umgesetzt worden, zentrale Einrichtungen im Kreuzungspunkt der Alltagswege entstehen zu lassen. Prägend für den Entwurf eines Neubaus waren ‚Trampelpfade' der Studierenden und freie Sichtachsen zwischen den bestehenden, streng orthogonal ausgerichteten Gebäuden des Campus. Zwischen den diagonalen, sich überkreuzenden Wegen entfalten sich nun Zonen für Info-Center, Veranstaltungsräume, Einzelhandel und Computer-Arbeitsplätze. Es wird ein kräftiges Zeichen gegenüber dem vorhandenen Raster formuliert (Schürkamp 2003).

Abbildung 41: IIT in Chicago

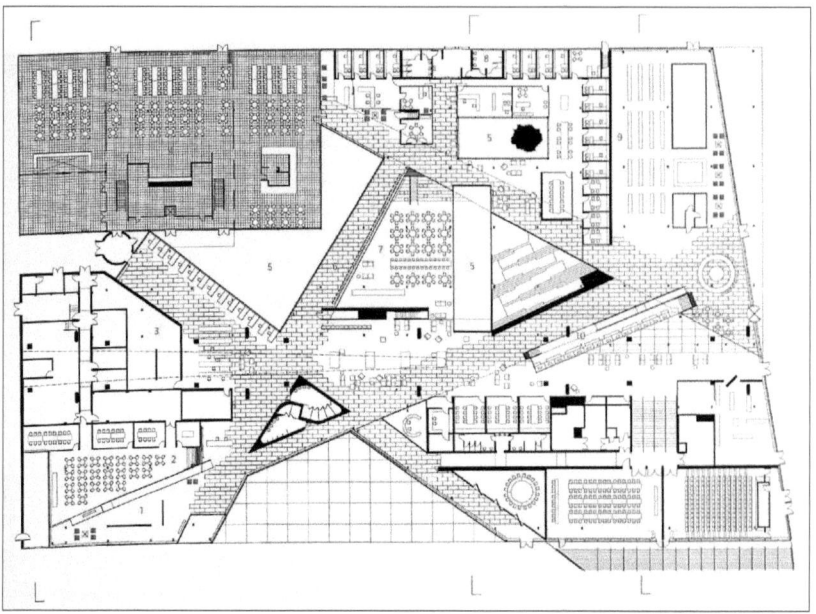

Die Ergebnisse der Recherche ergeben einen Eindruck davon, dass die Themen, die in der Studie angesprochen wurden, auch anderswo Architekten und Universitätsbauämter beschäftigen. Heute werden vielerorts Hochschulen mit dem Ziel umgebaut und erweitert, neue räumliche und Nutzungs-Qualitäten zu erzeugen – statt lediglich quantitative Erfordernisse zu erfüllen wie es in den 1960er und 1970er Jahren unter dem Druck der Verhältnisse häufig der Fall war. Ähnlich wie im Wohnungsbau wird immer häufiger der Anspruch formuliert, nicht mehr lediglich Hüllen für bestimmte Nutzungen bereit zu stellen, sondern die Zeichenhaftigkeit von Architektur anzuerkennen und zu nutzen: Jegliche Bauten vermitteln – und vermittelten schon immer – über ihre Funktion hinaus eine Botschaft, die von Betrachtern und Nutzern gleichermaßen wahrgenommen wie auch erwartet wird. Diese Erkenntnis scheint (wieder) im Hochschulbau anzukommen.

6   Universitäten in der ‚Wissensgesellschaft'? Eine Reflexion

In der Geschichte europäischer Universitäten verläuft eine klare Entwicklungslinie von der im Mittelalter entstandenen Gebäudeuniversität zur Campus-Universität, die mittlerweile vielerorts durch nahe gelegene Technologieparks ergänzt oder sogar selber zu einer Art Forschungspark umgestaltet wird. Wie sich am Beispiel der Universität Karlsruhe, dem heutigen Karlsruher Institut für Technologie (KIT) zeigen lässt, können die vielfältigen baulichen Wandlungen der Universitäten – aufgrund der zuvor erwähnten Verschränkungsdynamik von konkretem und abstraktem Raum – nicht losgelöst vom Kontext gesellschaftlicher Entwicklungsdynamiken und deren städtebaulicher Konsequenzen verstanden werden. Es ist unschwer zu erkennen, dass die bauliche Entwicklung an der Universität Karlsruhe und dem Campus Süd auf enge Weise mit gesellschaftlichem Wandel – zunächst zu einer Industriegesellschaft im 19. Jahrhundert, später mit der Bildungsexpansion Mitte des 20. Jahrhunderts – verflochten ist. Als typisch-industriegesellschaftliche Bau- und Entwicklungsmaßnahmen sind etwa die Einrichtung von Maschinenhallen und Labors auf dem Universitätsgelände zu sehen. Aber auch die Platzierung der Universität am prominentesten Ort der Stadt verweist in diesem historischen Zusammenhang nicht allein auf den Stellenwert der Universität, sondern ist außerdem als Ausdruck der Bedeutung wissenschaftlicher (Aus-) Bildungsgänge und der Innovationspotentiale von Forschung für den industriegesellschaftlichen Wohlstand zu lesen. Rückblickend kann zudem gesagt werden, dass die Bildungsexpansion sich (ganz allgemein) einerseits in einem unschwer erkennbaren Bauboom niedergeschlagen hat, worin gleichermaßen die damalige Ausdehnung der Universität ins Stadtgebiet wie auch die bauliche Verdichtung des Campusgeländes inbegriffen ist. Nicht zuletzt dokumentiert die Einrichtung immer größerer Auditorien die Reaktion auf einen Zulauf von Studierwilligen, der wiederum als Konsequenz der seinerzeitigen Reformierung des Bildungswesens verstanden werden kann.[137]
   Nicht nur in Karlsruhe, sondern auch andernorts sehen sich universitäre Bildungseinrichtungen heute mit einem gesellschaftlichen Wandel konfrontiert, dessen Einzelphänomene vielfach unter dem Label der Wissensgesellschaft zu verei-

---

137   Zur Verflechtung von gesellschaftlichen und baulichen Entwicklungen vgl. (ausführlicher) Kapitel 2.1 ‚Baulich-historische Entwicklung der Universität Karlsruhe und des Campus'.

nen versucht werden. Zieht man in Betracht, dass sich bauliche Aspekte in ihrer Gänze vermutlich erst retrospektiv als ‚typisch wissensgesellschaftlich' erkennen lassen,[138] so verwundert es kaum, dass ‚Universität in der Wissensgesellschaft' in der (sozial-) wissenschaftlichen Literatur bislang selten im Hinblick auf räumliche Aspekte thematisiert wird: Vor allem geht es in den meisten Veröffentlichungen um die Gestaltung einer neuen Lehr-Lern-Kultur, die gleichermaßen den Bedarfen der Lernsubjekte wie auch den Erfordernissen einer für Wissensgesellschaften typischen rasanten Innovationsdynamik in den Bereichen Technologie und Wissenschaft Rechnung trägt.[139] Eine stärkere Verzahnung von Lehre und Forschung, wie sie am Standort Karlsruhe mit der Gründung des KIT eingeleitet worden ist, könnte demzufolge als ein erster Schritt in Richtung einer wissensgesellschaftlichen Universität interpretiert werden. Über die didaktische Umsetzung einer dementsprechenden Lehr-Lern-Kultur können die in dieser Studie erhobenen Daten allerdings nicht hinreichend Aufschluss geben – stattdessen informieren sie über raumbezogene Vorstellungen von Studierenden im Bezug auf optimale Lernorte.

Die im Rahmen dieser Studie untersuchten Studierenden sind sozusagen mit dem neuartigen Wirklichkeitsakzent der Wissensgesellschaft als ‚Ist-Zustand' (Kap. 1.3) sowie im wissensgesellschaftlichen Diskurs (insgesamt) sozialisiert. Gleiches gilt für die veränderten, damit verbundenen bildungsprogrammatischen Forderungen: Ebenso nachdrücklich wie vehement wird nunmehr von jedem Einzelnen aber verlangt, ‚fit' zu sein und dies auch dauerhaft zu bleiben, um mit wissensgesellschaftlichen Entwicklungen Schritt halten zu können.[140] Mit derartigen An- und Aufforderungen sind Studierende heute – für sie – ganz selbstverständlich ständig und andauernd konfrontiert. Von dieser Generation wird etwa zeit ihres Lebens bereits Medienkompetenz, lebenslange Lernbereitschaft und der Erwerb von Schlüsselqualifikationen gefordert. Aus diesem Grund liefern die Bedürfnisse und Empfehlungen der Studienteilnehmer aufschlussreiche Anhaltspunkte dafür, wie Studierende mit derlei Aufforderungen umgehen: sie zurückweisen, modifizieren

---

138   Zum einen bleibt abzuwarten, ob die gegenwärtig populäre Idee der Wissensgesellschaft (auch) zukünftig (noch) als angemessener Begriffsrahmen erscheinen wird, in die sich Entwicklungsprozesse (rückwirkend) stimmig einordnen lassen – siehe hierzu auch die Ausführungen in Kapitel 1.3. Zum anderen verweisen die Hinweise auf die Industriegesellschaft und die Bildungsexpansion darauf, dass sich gesellschaftliche Dynamiken zwar im gebauten Raum niederschlagen, oft aber erst in einer zeitlichen Distanz (deutlicher) sichtbar werden.

139   Vgl. exemplarisch: Schäfer 2002; daneben finden sich kritische Abhandlungen dazu, ob und inwiefern sich Universitäten unter wissensgesellschaftlichen Rahmenbedingungen vom Humboldtschen Bildungs- und Universitätsideal ablösen sowie in diesem Zuge die Einheit von Forschung und Lehre aufgeben – zugunsten einer verschulten, ausbildungsförmigen Vermittlung von anwendungsbezogenen Wissenspaketen, die auf die Erfordernisse mannigfaltiger Praxiskontexte zugeschnitten sind (vgl. exemplarisch Walger 2000).

140   Vgl. dazu Bolder 2006.

oder sich zu eigen machen. Daraus, wie sie sich diese Diskursbestandteile deutend aneignen, resultiert, wie sie sich Lernbedingungen idealerweise vorstellen, damit sie das hervorbringen, was ihnen als notwendiges Wissens- und Kompetenzrepertoire erscheint. Daher werden die Ergebnisse der Studie abschließend im Spiegel thematisch einschlägiger sozialwissenschaftlicher Literatur und der Presseberichterstattung zu den Themen Wissensgesellschaft sowie zu ‚Lernorten' im Allgemeinen und zur ‚Universität' im Speziellen betrachtet: Vor diesem Hintergrund lassen sich die bereits dargestellten Vorstellungen und Erwartungen der Studierenden an ‚ihre' Universität, die mal mehr als Lernort und mal mehr als – umfassender, die Funktion des Lernens in mehreren Punkten übersteigender – Kulturraum empfunden oder gewünscht wird, reflektieren, um in ersten Ansätzen Möglichkeitsräume für eine zeitgemäße Weiterentwicklung von Universität(en) zu skizzieren.

Zweifelsohne ist die Universität ein Lernort bzw. ein Lernortkomplex, der sich aus zahlreichen Stätten – Hörsälen, Bibliotheken, Labors usw. – zusammensetzt, in denen eigenständig oder unter Anleitung gelernt werden kann. Die vorhandene quantitative Vielfalt solcher Lernräumlichkeiten auf dem Campus Karlsruhe alleingenommen als Nachweis seiner Lernortqualitäten aufzufassen, würde allerdings einer Engführung gleichkommen, die als solche auch in der Literaturlage zur Lernortdebatte dominiert, in der ausschließlich der pädagogische Aspekt des Lernens, nicht aber der Ort im Zentrum steht. Auch in neueren thematisch einschlägigen Beiträgen, in denen Lernorte in raumsoziologisch modifizierter Perspektive nicht mehr als Kulisse, sondern als Resultat des Handelns aufgefasst werden, bleiben bauliche Aspekte, Ortsatmosphären und Raummobiliar ausgeblendet.[141] Die Interaktionsform Unterricht bzw. Lehre wird in einer solchen Sichtweise zwar (folgerichtig) auch unter sozialräumlichen Aspekten betrachtet – welche Bedeutung Lehrende und Lernende den baulich-räumlichen Charakteristika von Veranstaltungsorten beimessen, geht aus derartigen Überlegungen aber nicht hervor. Darauf, dass *„in Bildungsveranstaltungen die ästhetisch-stilistischen Ansprüche von Teilnehmern gleichwertig neben ihren kommunikativen und lernzielorientier-*

---

141 Vgl. z.B. Kraus 2008; insgesamt sind hierüber in der wissenschaftlich geführten Lernort-Debatte kaum erhellende Hinweise zu finden, weil sich Lernorttheorie und -forschung nicht um Raumgestaltungsfragen, sondern um Definitionskriterien für Lernorte (Seitter 2001, Kraus 2008) sowie um den Nachweis von Lerneffekten in nicht-institutionalisierten Lernarrangements oder auch des informellen Lernens in der Freizeit drehen (z.B. Nahrstedt u.a. 2002). Als wissensgesellschaftlich relevant werden ‚Lerninfrastrukturen' wie beispielsweise ‚Lernkulturen' diskutiert (Cordes/Dikau/Schäfer 2002, Höhne 2003, Nuissl 2006), wobei die Dimension des Räumlichen in diesem Zusammenhang allenfalls im Sinne einer Lokalisierung von Lernnetzwerken behandelt wird, ohne dass baulich-räumliche Aspekte für die Veranstaltungsorte dieser Netzwerke gezielt in den Blick genommen würden.

ten Interessen stehen", hat allerdings schon Seitter (2001: 230)[142] hingewiesen. Die Teilnehmer der vorliegenden Studie liefern in ihren Ortsbewertungen gleich eine ganze Reihe potentieller Belege für diese Aussage – beispielsweise in den zahlreichen negativen Äußerungen zu bestimmten Hörsälen (siehe Kapitel 4.1), deren Raumatmosphäre und -ausstattung als störende Einflüsse auf Motivation und Konzentration bewertet werden. Auch in den vielfach explizierten Wünschen sind konkrete Ansprüche von Studierenden an ihre räumlichen Lernumgebungen dokumentiert:[143] bequeme Sitzmöglichkeiten, gute Belüftung und angenehme Belichtung in Lehrveranstaltungsräumen, ausreichend Einzel- und Gruppenarbeitsplätze sowie Ruheräume für Phasen, in denen die Aufnahmefähigkeit wieder hergestellt werden soll. Ebendiese Ergebnisse könnten als Wegweiser, wenn nicht gar als Anleitung zu einer erfolgreichen baulich-räumlichen Gestaltung einer zeitgemäßen Universität gewertet werden.

Insbesondere in den Publikumsmedien werden mit steigender Tendenz Artikel zum Themenbereich ‚Universität in der Wissensgesellschaft' veröffentlicht, deren Ausgangspunkt jeweils unterschiedliche Entwicklungen sind: etwa eine Eventisierung der Universitäten durch Kinderuniversität und Tag der Offenen Tür, Edutainment in der Lehre durch Quizvorlesungen oder erlebnispädagogische Seminare,[144] Science Center-Gründungen im Umfeld von oder in Kooperation mit Universitäten sowie die Umstellung von universitärer Öffentlichkeitsarbeit und Lehre auf Multimedia. Diese Einzelphänomene lassen sich in abstrahierender Form auf einen gemeinsamen Nenner bringen: Sie verweisen – wenngleich in unterschiedliche Richtungen – auf eine Öffnung der Universitäten.[145] Diese an verschiedenen Universitäten zu beobachtenden Trends setzen gleichermaßen einen Maßstab für den gebauten wie den sozialen Raum an bzw. in Universitäten, der sich auch in den Wünschen einiger – jedoch nicht aller – Studienteilnehmer widerspiegelt:

---

142 Seitter rekurriert hierbei auf eine Studie von Flaig/Meyer/Ueltzhöfer (1997).

143 Dabei erfreuen sich – zumal in der wärmeren Jahreszeit – Außenräume einer besonderen Beliebtheit als Lernorte.

144 Vgl. z.B. den Artikel von van Bebber (2008), der über die Quizvorlesungen des Frankfurter Pharmazieprofessors Theo Dingermann in einem mit Abstimmungsapparaturen ausgestatteten Hörsaal berichtet (http://www.duz.de/docs/artikel/m_04_08ted.html, letzter Zugriff 31.10.2009) oder den Artikel von Heckmann (2003), in dem es um ein Seminar zur Förderung von Soft Skills geht, das an der Bergakademie Freiberg in einem Bergwerksstollen für Studierende aller Fachrichtungen angeboten wird (http://www.zeit.de/2003/18/C-Schacht, letzter Zugriff 31.10.2009).

145 Diese Angebotserweiterungen können in dreifacher Hinsicht gelesen werden: 1. als Ausdruck einer Neuverortung von Universitäten im Kulturraum; 2. als Öffnung gegenüber vergleichsweise unkonventionellen Formen der Wissens- und Informationsvermittlung, da mit diesen neuartigen Veranstaltungsformaten einer Erlebnisorientierung der jeweils anvisierten Zielgruppen Rechnung getragen ist; 3. einer zunehmenden Öffnung von Universitäten in Richtung außeruniversitärer Öffentlichkeiten.

Keineswegs für alle soll ‚ihre' Universität und ‚ihr' Campus mehr sein als lediglich eine Stätte des Lernens. Keineswegs für alle muss Lernen unbedingt Spaß machen. Keineswegs für alle soll das Universitätsgelände über eine campusinterne Infrastruktur aus Lehr-, Lern-, Informations- und Versorgungsangeboten verfügen und zugleich auch Geselligkeits- und Kulturangebote bereitstellen. Zwar hat ein erheblicher Teil der Studierenden eine recht umfassende Idealvorstellung (Typus: Integrator) vom Campus als Lern- und Lebensraum, aber nur ein geringer Teil der Studierenden (Typus: College) lebt eine solche Idealvorstellung schon jetzt konsequent unter den vorliegenden räumlichen Rahmenbedingungen.

Mit solchen Vorstellungen gehen auch gestiegene Erlebniserwartungen an Universitäten einher, die sich darüber hinaus auf die geographischen Standorte von Universitäten beziehen können. Die Zufriedenheit Karlsruher Studierender mit dem Campus Süd resultiert nicht zuletzt aus den zahlreichen Möglichkeiten, die sich aus der räumlichen Nähe zur Innenstadt und zum Schlosspark ergeben.[146]

Ein weiterer wesentlicher Aspekt für die Zufriedenheit von Studierenden mit ihrer ‚Alma Mater' ist sicherlich auch in den Identifikationsmöglichkeiten zu sehen, die Universitäten u.a. durch ihre Raumgestaltung vermitteln. Viele Studienteilnehmer haben Orte positiv bewertet, an denen ein ‚Universitätsgefühl' (z.B. Ehrenhof) oder eine ‚studentische Atmosphäre' (z.B. AKK, Mensahof) spürbar ist. Ähnlich können die kritischen Einwände in manchen Logbüchern gedeutet werden, in denen eine mangelnde Erkennbarkeit der Universitätseingänge moniert wird. Während der fließende Übergang vom Schlosspark zum Campusgelände nicht problematisiert wird – im Gegenteil, wird beispielsweise die Durchmischung des Campuseingangs am Kronenplatz mit dem Ausläufer der Fußgängerzone inklusive Ampel, Auto-Stellplätzen und Werbeschildern als unangemessen empfunden. Dabei ist zwischen Identifizierbarkeit und Identifikation zu unterscheiden – etwas eindeutig identifizieren zu können bedeutet längst nicht, sich mit ihm zu identifizieren; und es ist auch kein Kausalzusammenhang zwischen diesen beiden Kategorien anzunehmen. Dennoch: Positiv aufgeladene und als solche eindeutig zu identifizierende räumliche Arrangements erleichtern die Übernahme von Identifikationsangeboten. Es gibt insofern gute Gründe für die Annahme, dass eine Identifikation der Studierenden mit dem Campusraum ihnen zu einer Selbstverortung im sozialen Raum, zu einem Selbstverständnis als Mitglied der Studierendenschaft verhilft und folglich ein bedeutsames Element ihrer Identitätskonstruktionen sein

---

146 Diese Erlebniserwartungen sind auch andernorts bereits erkannt worden und werden zunehmend zur Anwerbung von Ersteinschreibern eingesetzt: Nicht umsonst werben ostdeutsche Universitäten mit der Schönheit der Natur in ihrer Umgebung oder dem Hinweis, dass pro Student 37 Quadratmeter Wiese zur Verfügung stehen (vgl. Wiarda 2008: 75 sowie http://www.studieren-im-gruenen.de, letzter Zugriff 31.10.2009).

könnte.[147] Auch oder vielleicht gerade unter Bedingungen, unter denen Studieren nur noch eine Orientierung unter anderen darstellt, kann derartigen Identifikationsangeboten eine besondere Relevanz zukommen.[148] Die Vermutung liegt nahe, dass sich Studierende, die sich auf dem Campus wohl und zu Hause fühlen, die ihre Universität als etwas Besonderes schätzen und die im Studium vermittelte oder erkannte Problemstellungen ins Zentrum ihrer Aufmerksamkeit rücken, sich selbst als Bestandteil eines ‚größeren Ganzen' sehen.

Derlei ‚weiche Faktoren' in der Studienplatzwahl werden vermutlich zukünftig noch an Bedeutung gewinnen.[149] Dies bedeutet aber keineswegs, dass alle Studierenden ihr Leben sozusagen komplett auf den Campus verlegen wollen. Im Gegenteil: Parallel setzt sich der Anspruch an ‚ortslose' Formen des Studierens merklich durch, der in der wissenschaftlichen Diskussion unter den Stichworten ‚Virtualisierung der Universität' oder ‚Online-Lehre' verhandelt wird.[150] Der Themenbereich ‚Online-Lehre' wurde in der Studie mehrfach als relevant markiert: Zugriff auf Materialien und die Partizipation an Lehrangeboten soll zeit- und ortsungebunden ermöglicht werden, so dass Studierende sich zu Hause, in Cafés, Bibliotheksräumen und im Ausland aufhalten können, während sie an Lehrveranstaltungen teilnehmen. Diese Form der Lehre scheint für manche Studierende besonders attraktiv zu sein, weil sie hiermit Orte frei wählen können, die ihren Anforderungen an die jeweils individuell bevorzugte Lernatmosphäre entsprechen. Zudem kann Online-Lehre die Vereinbarkeit von Studium und Erwerbstätigkeit vereinfachen, sofern die Studierenden den Zeitpunkt der Teilnahme an Lehrveranstaltungen ebenfalls frei wählen können. Es hat sich gezeigt, dass Studierende individuelle Lösungen für die räumliche Organisation ihres Studiums (er-)finden, die den

---

147   Vgl. zur Identitätskonstruktion allgemein Keupp (2002); zur raumbezogenen Identitätskonstruktion speziell Weichhart (1990).

148   Auch Reinhartz (2007) kommt zu ähnlichen Ergebnissen: Ihre Auswertung eines pädagogischen Projektseminars mit Studierenden der Universität Flensburg kann als ein Indiz dafür gewertet werden, dass Studierende sich mit ‚ihrer' Universität identifizieren wollen, weshalb der Campus einen Wiedererkennungswert haben sollte. In Flensburg ist ein derartiges Identifikationsangebot mit der ‚Campelle' geschaffen worden – einer Stätte der Andacht und des Kulturerlebens, für die Flensburger Studierende mit dem Slogan „Wo Stille lebt" vorgeschlagen haben (Reinhartz 2007: 158). Reinhartz stellt resümierend fest, dass ein positives Universitätsimage mithilfe einer Verbindung aus Spaß und Studium gefördert werden kann.

149   Bereits heute werden in vielen publikumswirksamen Rankings solche Faktoren abgefragt. Im Jahr 2008 wurden bspw. in einer von dem Studierendenportal „studiVZ" durchgeführten Umfrage mit einer Beteiligung von 148.500 Studierenden von mehr als 500 Hochschulen aus Deutschland, Österreich und der Schweiz eben solche Kriterien thematisiert. Gefragt wurde u.a. nach dem „Wohlfühlfaktor Deiner Stadt" ebenso wie nach „Wie viele Parties finden an deiner Hochschule statt" und „Würdest Du deinen Freunden Deine Hochschule empfehlen?" Vgl. die Online-Ressource unter http://www.studivz.net/l/hochschulranking (letzter Zugriff am 31.10.2009).

150   Vgl. z.B. Beiträge in: Simonis/Walter 2006.

jeweiligen Bedingungen des Familienlebens, der Finanzierung des eigenen Lebensunterhalts, den Bedürfnissen nach Ausgleichsaktivitäten, den Erfordernissen ihres politischen oder sozialen Engagements etc. entsprechen. Eine Universität, die diesen Erwartungen Rechnung tragen will, lässt Freiräume offen, die eine solche bedarfsgerechte Gestaltung des Studienalltags nicht nur akzeptiert, sondern in gewissem Maße sogar unterstützt. Dies würde bedeuten, gleichermaßen ausreichende Raumressourcen für das Studieren auf dem Campus verfügbar zu halten wie auch Regelungen und Infrastrukturen für ein überwiegend andernorts abgeleistetes Studium bereitzustellen.[151]

Neben der Lernortthematik verweisen die Ergebnisse der Studie auf eine weitere Dimension der sozialräumlichen Bedeutung von Universitäten, die bereits mit dem Stichwort ‚Öffnung der Universitäten' angedeutet wurde. Die Universität bzw. der Campus kann auch als ein relevanter (Zusammen-)Lebensraum im Sinne eines Kulturraums betrachtet werden. Diese Sichtweise auf Universitäten ist keineswegs neu: Bereits der Ursprungsidee nach war der Universitätscampus konzipiert als eigenständige Stadt im Stadtgebiet[152] – gewissermaßen als *„Lernstadt"* (Jessen 2004: 368) – ausgestattet mit einer multifunktionalen Infrastruktur aus Auditorien und Seminarräumen, Laboratorien und Materiallagerräumen, Bibliotheken und Lesesälen, Sporthallen und -plätzen, Mensen und Cafeterien, Verwaltungsgebäuden und Sekretariaten, Lehrstuhlbüros und Referaten verschiedener studentischer Interessengruppen sowie aus Grünflächen, Parkplätzen und Gehwegen. Obwohl diese Ausstattung zuvorderst den Belangen des Studierens diente, hielt mit der Verbreitung der Campusuniversität die ‚studentische Geselligkeit', die sich zuvor hauptsächlich in Studentenkneipen innerhalb des Stadtgebiets abgespielt hatte, nun auch auf einer räumlich situierten Ebene Einzug in den Universitätsalltag. Anders ausgedrückt: Campus und studentische Kultur scheinen eng miteinander verwoben zu sein – der Campus ist ein Möglichkeitsraum, auf dessen Boden das erblühen konnte, was heutzutage im Alltagssprachgebrauch als ‚studentische Kultur' bezeichnet wird. Mehr noch wird der Begriff ‚Campus' allgemein mit einer

---

151 Auch in Theorien der Wissensgesellschaft wird die Entwicklungstendenz zur Online-Lehre bereits prognostiziert: *„Das bedeutet, dass sich das zukünftige Bildungssystem nicht online abspielen wird, sondern vielmehr im Netzwerk zwischen Informationsknoten, Hörsälen, Seminarräumen und den individuellen Wohnungen der Studierenden"* (Castells 2002: 453). Simonis (2006: 18) weist auf die Probleme hin, die mit einer fortschreitenden Technisierung und Virtualisierung der Universität verbunden sein könnten und die von Seiten der Technikfolgenabschätzung noch nicht hinreichend untersucht sind.

152 Der Campus *„(lat. »Feld«) bezeichnet ein geschlossenes, in eine Parklandschaft eingebettetes Areal von Lehr- und Forschungsgebäuden öffentlicher oder privater Universitäten und Hochschulen. Indem das Campus-Modell die Eigenständigkeit und Geschlossenheit der Universitäten betont, löst es sich aus dem städtebaulichen Kontext der Städte"* (Kühn 2003: 142).

Amalgamierung aus ,Studium' und ,Studentenleben' assoziiert.[153] Dass der Campus für viele Studierende gleichermaßen Lernstätte und Kulturraum ist bzw. sein sollte, zeigt sich ebenfalls in der vorliegenden Studie: Nicht alle Studienteilnehmer, durchaus aber die überwiegende Zahl hebt in ihren Darstellungen eines zeitgemäßen Campus neben dem komfortablen Lernort auf ,kulturelle' Qualitäten ab – für viele der Studierenden wird der Campus gerade erst durch dieses Zusatzangebot zum gelungenen Lernort.

Darüber hinaus waren Universitäten seit jeher – und sind es noch immer – auch in der städtischen Öffentlichkeit als Orte von Bildung und Kultur angesehen. Universitäten könn(t)en durch Veranstaltungsangebote ebenso wie durch bauliche Maßnahmen der Öffnung des Campus zur Stadt dementsprechend auch ihre Position als zentrale Begegnungsorte einer wissensgesellschaftlichen Öffentlichkeit festigen.[154] Zudem erfüllen Universitäten heute bereits genuin ,wissensgesellschaftliche' Primäraufgaben wie die Ausbildung von wissenschaftlichem Nachwuchs und den so genannten Wissensarbeitern sowie die Produktion wissenschaftlicher Erkenntnis und technologischer Innovation, die einen beachtlichen Teil des Fundaments einer wissensbasierten Wirtschaft im Sinne Kühns (2003) und Heidenreichs (2003) ausmachen. Diese Aufgaben lassen sich durchaus mit der klassischen Campusidee einer Universität als verschiedenartige Lebensbereiche umfassender Sozialraum vereinbaren. Für Universitäten generell eröffnen sich demnach multiple Spielräume für die Selbstverortung. Diese liegen in einem Spektrum zwischen einem auf FuE-Aufgaben fokussierten Anschluss an die Infrastruktur der Wissensökonomie (einerseits) sowie ganzheitlichen Konzepten als Lehr-, Forschungs- und Kulturraumkomplex (andererseits).

Der Campus Karlsruhe kann den spezifischen Raumansprüchen seiner individualisierten Klientel, die entweder einen ganzheitlichen Campusraum oder vielfältige Möglichkeiten des Lernens in selbstorganisierten Formen, klassischen Lehrveranstaltungen und Internetlernumgebungen oder aber ausschließlich die Dimension eines geselligen Kultur(er)lebens präferiert, immer nur bedingt entsprechen. Bei allen Möglichkeiten der individuellen Raumaneignung und den damit

---

153 Im Hinblick auf diese Durchmischung weisen deutsche Campusuniversitäten jedoch einen wesentlichen konzeptionellen und infrastrukturellen Unterschied zu ihren US-amerikanischen Pendants auf – nämlich den, *„dass studentischer Wohnraum wenig bis gar nicht auf dem Campus vorhanden ist. Allein die Funktion Wohnen bietet also immer schon die Möglichkeit der Verknüpfung studentischen Lebens mit der Stadt"* (Groß 2008: 43). Wohnheime und Wohnheimkomplexe, wie z.B. Studentendörfer, finden sich hierzulande zwar immer häufiger in unmittelbarer Campusnähe; eine mit der US-amerikanischen Integration von Collegewohnheimen und Verbindungshäusern in die Campusanlage vergleichbare ,studentische Wohnsituation' gibt es in Deutschland bislang eher nicht.

154 Siehe hierzu nochmals die Überlegungen in Kapitel 1.3.

verbundenen kreativen (Um-)Nutzungen des Campus ist der Einfluss der Verantwortlichen für Entwicklung und Bau des Karlsruher Instituts für Technologie erheblich. An ihnen liegt es, letztlich zu entscheiden, welchem Studierendentypus
sie baulich-räumlich Vorschub leisten möchten.

Quellenverzeichnisse

Literatur

Baus, Ursula (2008): Hochschule für Technik und Wirtschaft in Aalen, Deutschland. Wieviel Ökologie braucht die Industrie? In: architektur.aktuell, Heft 7-8/2008, S. 72-79.

Binder, Jana (2000): „Ich leb' mit 'nem Skateboard in der Hand". In: Moser, Johannes (Hg.): Jugendkulturen. Recherchen in Frankfurt am Main und London. Frankfurt/M., S. 97-127.

Bittlingmayer, Uwe H./Bauer, Ullrich (2006): Die „Wissensgesellschaft". Mythos, Ideologie oder Realität. Wiesbaden.

Bolder, Alex (2006): Weiterbildung in der Wissensgesellschaft. Die Vollendung des Matthäus-Prinzips. In: Bittlingmayer, Uwe H./Bauer, Ullrich (Hg.): Die „Wissensgesellschaft". Mythos, Ideologie oder Realität? Wiesbaden, S.431-444.

Bolger, Niall/Davis, Angelina/Rafaeli, Eshkol (2003): Diary Methods: Capturing Life as it is Lived. In: Annual Review Psychology, Heft 54/2003, S. 579-616.

Castells, Manuel (2001): Die Netzwerkgesellschaft, Band 1 der Trilogie „Das Informationszeitalter". Leverkusen.

Castells, Manuel (2002): Die Macht der Identität. Teil 2 der Trilogie „Das Informationszeitalter". Opladen.

Christiaanse, Kees / Schneider, Ute (2008): Science City. Masterplan für Hönggerberg. In: Deutsche Gesellschaft für Gartenkunst und Landschaftskultur e.V. (Hg.): Garten + Landschaft, Zeitschrift für Landschaftsarchitektur, Heft 08/2008, S. 18-21.

Cordes, Michael/Dikau, Joachim/Schäfer, Erich (Hg.) (2002): Hochschule als Raum lebensumspannender Bildung. Auf dem Weg zu einer neuen Lernkultur. Festschrift für Ernst Prokop. Regensburg.

Corti, Louise (1993): Using diaries in social research. Online verfügbar unter http://sru.soc.surrey.ac.uk/SRU2.html (letzter Zugriff 31.10.2009).

DASL Landesgruppe Niedersachsen-Bremen (2007): Zur Gestaltung von Verknüpfungspunkten. Fallstudie Bremen: Linie 6 der Straßenbahn („Technologielinie"). Online verfügbar unter http://daslnb.wordpress.com/category/bahn/ (letzter Zugriff 31.10.2009).

Eberle, Thomas S. (2000): Lebensweltanalyse und Handlungstheorie. Beiträge zur verstehenden Soziologie. Konstanz.

Eichholz, Daniela (2002): Unterwegs. Zur Nutzung öffentlicher Innenstadt-Räume durch Jugendliche. [Diplomarbeit: Technische Universität Dortmund].

Eichholz, Daniela (2008a): Popularisierung von Wissenschaft in der Wissensgesellschaft. Eine Exploration von Theorien und Dokumenten [Dissertation: Technische Universität Dortmund].

Eichholz, Daniela (2008b): Bildungspotentiale kreativ-subversiver Raumaneignungsprozesse. Das Beispiel ‚Skateboardfahrer'. In: Gaedtke-Eckardt, Dagmar/Kohn, Friederike/Siebner, Blanka Sophie (Hg.): Raum-Bildung. Perspektiven. München.

Fassnacht, Martin/Möller, Sabine/Reith, Christina (2007): Einkaufsconvenience. In: WiSt – Wirtschaftswissenschaftliches Studium, Heft 9/2007, S. 466-468.

Geipel, Kaye (2005): Der Grundriss als Aufputschmittel. Kampf mit der polyzentrischen Struktur der Sechziger Jahre. In: Bauwelt, Heft 34/2005, S. 22-27.

Geipel, Kaye (2007): Offene Plattform. Projekt der Architekturfakultät ENSA in Nantes: Lacaton & Vassal. In: Bauwelt, Heft 27/2007, S. 30-33.

Glaser, Barney G./Strauss, Anselm L. (1998): Grounded Theory. Strategien qualitativer Forschung. Göttingen.

Groß, Carolin (2008): open university. Stadt und Universität Karlsruhe in der Wissensgesellschaft [Diplomarbeit: Universität Karlsruhe].

Hamm, Bernd/ Neumann, Ingo (1996): Siedlungs-, Umwelt- und Planungssoziologie. Opladen.

Hasse, Jürgen (2007): In und aus Räumen lernen. In: Westphal, Kristin (Hg.): Orte des Lernens. Beiträge zu einer Pädagogik des Raumes. Weinheim, S. 15-41.

Heckmann, Carsten (2003): Expedition ins Erdreich. In: DIE ZEIT, Heft 18/2003.   Online verfügbar unter: http://www.zeit.de/2003/18/C-Schacht (letzter Zugriff 31.10.2009).

Heidenreich, Martin (2003): Die Debatte um die Wissensgesellschaft. In: Böschen, Stefan/Schulz-Schaeffer, Ingo (Hg.): Wissenschaft in der Wissensgesellschaft. Opladen, S. 25-51.

Hitzler, Ronald/Honer, Anne (Hg.) (1997): Sozialwissenschaftliche Hermeneutik. Opladen.

Höger, Kerstin (2008): Campus und Stadt. Eine neue urbane Realität. In: Garten + Landschaft, Zeitschrift für Landschaftsarchitektur, Heft 08/2008, S. 11-15.

Höhne, Thomas (2003): Pädagogik der Wissensgesellschaft. Bielefeld.

Hörning, Karl H./Gerhard, Anette/Michailow, Matthias (1998): Zeitpioniere. Flexible Arbeitszeiten – neuer Lebensstil. Frankfurt/M.

Kegler, Karl R. (2008): „MO-GAM". Haus für studentische Arbeitsplätze. In: db deutsche bauzeitung, Heft 03/2008, S. 64.

Kelle, Udo/Kluge, Susann (1999): Vom Einzelfall zum Typus. Fallvergleich und Fallkontrastierung in der qualitativen Sozialforschung. Opladen.

Kessl, Fabian/Reutlinger, Christian (2007): Sozialraum. Eine Einführung. Wiesbaden.

Kessl, Fabian/Reutlinger, Christian/Maurer, Susanne/Frey, Oliver (Hg.) (2005): Handbuch Sozialraum, Wiesbaden.

Keupp, Heiner (2002): Identitätskonstruktionen. Das Patchwork der Identitäten in der Spätmoderne. Reinbek.

Kirchhoff, Peter (2002): Städtische Verkehrsplanung. Konzepte, Verfahren, Maßnahmen. Stuttgart.

Kleilein, Doris (2005): Implantat. Philologische Bibliothek der Freien Universität in Berlin-Dahlem. In: Bauwelt, Heft 34/2005, S. 14-21.

Klein, Sebastian/Kunz, Alexa Maria (2008): Kultur und kulturelle Identität unter Beachtung raumbezogener Aspekte in der kommunalen Kulturarbeit. Theoretische Reflexionen und empirische Befunde am Beispiel des Rhein-Pfalz-Kreises [Master-Thesis: FernUniversität in Hagen].

Kluge, Susann (2000): Empirisch begründete Typenbildung in der qualitativen Sozialforschung, Forum Qualitative Sozialforschung, Volume 1, No. 1 – 01/2000. Online verfügbar unter: http://www.qualitative-research.net/index.php/fqs/article/view/1124/2497 (letzter Zugriff 31.10.2009).

Knoblauch, Hubert (2005): Wissenssoziologie. Konstanz.

Kraus, Katrin (2008): Lernort: Raumtheoretische Überlegungen zu einem Grundbegriff der Berufs- und Wirtschaftspädagogik. In: Münk, Dieter/Breuer, Klaus/Deißlinger, Thomas (Hg.): Berufs- und Wirtschaftspädagogik – Probleme und Perspektiven aus nationaler und internationaler Sicht. Opladen, S. 112-122.

Kübler, Hans-Dieter (2005): Mythos Wissensgesellschaft. Gesellschaftlicher Wandel zwischen Information, Medien und Wissen. Eine Einführung. Wiesbaden.

Kühn, Manfred (2003): Wissenschaftsstädte – Wissenschaftsparks. Wissensbasierte Siedlungsstrukturen in deutschen Stadtregionen. In: Raumforschung und Raumordnung, Heft 61/2003, S. 139-149.

Lamnek, Siegfried (2005): Qualitative Sozialforschung. Weinheim/Basel.

Lampugnani, Vittorio Magnago (2007): Novartis Campus, Basel: A Project for a Site of Knowledge. In: Hoeger, Kerstin / Christiaanse, Kees (Hg.): Campus and the City. Urban Design for the Knowledge Society. Zürich, S. 154-169.

Lane, Robert E. (1966): The Decline of and Ideology in a Knowledgeable Society. In: American Sociological Review, Heft 10/1966, S. 649-662.

Läpple, Dieter (1991): Essay über den Raum. Für ein gesellschaftswissenschaftliches Raumkonzept. In: Häußermann, Hartmut et al. (1991): Stadt und Raum. Soziologische Analysen. Pfaffenweiler, S. 157-207.

Löw, Martina (2001): Raumsoziologie. Frankfurt/M.

Löw, Melanie (2002): Universitas sana in campo sano. In: Universität des Saarlandes (Hg.): campus – Die Universitätszeitschrift, Heft 03/2002. Online verfügbar unter http://www.uni-saarland.de/verwalt/presse/campus/2002/1/04-Planung-f.html (letzter Zugriff 31.10.2009).

Lutz, Manuela/Behnken, Imbke/Zinnecker, Jürgen (1997): Narrative Landkarten. Ein Verfahren zur Rekonstruktion aktueller und biographisch erinnerter Lebensräume. In: Friebertshäuser, Barbara / Prengel, Annedore (Hg.): Handbuch Qualitative Forschungsmethoden in der Erziehungswissenschaft. Weinheim/München, S. 414-435.

Merkens, Hans (2007): Auswahlverfahren, Sampling, Fallkonstruktion. In: Flick, Uwe/von Kardorff, Ernst/Steinke, Ines (Hg.): Qualitative Forschung. Ein Handbuch. Reinbek bei Hamburg, S. 286-299.

Meyer, Ulf (2006): Grünes Glas und grauer Faserzement. Neubau für die Informatik-Fakultät der TU in Dresden. In: db deutsche bauzeitung, Heft 10/2006, S. 57-63.

Müller, Hans-Rüdiger/Stravoravdis, Wassilios (Hg.) (2007): Bildung im Horizont der Wissensgesellschaft. Wiesbaden.

Nahrstedt, Wolfgang/Brinkmann, Dieter/Theile, Heike/Röcken, Guido (2002): Lernort Erlebniswelt. Neue Formen informeller Bildung in der Wissensgesellschaft. Bielefeld.

Nowotny, Helga (2006): Wissenschaft neu denken: Vom verlässlichen Wissen zum gesellschaftlich robusten Wissen. In: Heinrich Böll Stiftung (Hg.): Die Verfasstheit der Wissensgesellschaft. Konzipiert u. bearbeitet von Gerlof, Karsten/Ulrich, Anne. Münster, S. 24-42.

Nuissl, Ekkehard (2006): Orte und Netze lebenslangen Lernens. In: Fatke, Reinhard/Merkens, Hans (Hg.): Bildung über die Lebenszeit. Wiesbaden, S. 69-83.

Reichertz, Jo/Marth, Nadine (2004): Abschied von Glauben an die Allmacht der Rationalität? Oder: Der Unternehmensberater als Charismatiker. Lässt sich die hermeneutische Wissenssoziologie für die Interpretation einer Homepage nutzen? In: Zeitschrift für qualitative Bildungs-, Beratungs- und Sozialforschung, Heft 1/2004. Magdeburg, S. 7-28.

Reinhartz, Petra (2007): Lernort Universität. Hochschulbildung im Land der Horizonte. In: Westphal, Kristin (Hg.): Orte des Lernens. Beiträge zu einer Pädagogik des Raumes. Weinheim, S. 151-159.

Resch, Christine/Steinert, Heinz (2006): Statuskämpfe der Wissensgesellschaft. Die Nutznießer und die Ausgeschlossenen. In: Rehberg, Karl-Siegbert (Hg.): Soziale Ungleichheit, Kulturelle Unterschiede. Verhandlungen des 32. Kongresses der Deutschen Gesellschaft für Soziologie in München 2004, Band 1. Frankfurt/M., S. 229-241.

Robertson, Roland (1998): Glokalisierung: Homogenität und Heterogenität in Raum und Zeit. In: Beck, Ulrich (Hg.): Perspektiven der Weltgesellschaft, Frankfurt/M., S. 192-220.

Sachs Pfeiffer, Toni (1995): Qualitative Stadt- und Gemeindeforschung. In: Flick, Uwe/Kardoff, Ernst von/ Steinke, Ines (Hg.): Qualitative Forschung. Ein Handbuch. Hamburg, S. 394-402.

Sandstrom, Marlene J. (2003): Sociometric status and children's peer experiences: Use of the daily diary method. Online verfügbar unter http://findarticles.com/p/articles/mi_qa3749/is_200310/ai_ n9302746?tag=content;col1 (letzter Zugriff 31.10.2009).

Schäfer, Erich (2002): Aspekte einer Bildungs- und Lernkultur der Hochschule in der Wissensgesellschaft. In: Cordes, Michael/Dikau, Joachim/Schäfer, Erich (Hg.): Hochschule als Raum lebensumspannender Bildung. Auf dem Weg zu einer neuen Lernkultur. Festschrift für Ernst Prokop. Regensburg, S. 3-30.

Schatzmann, Leonard/Strauss, Anselm L. (1973): Field research: Strategies for a natural sociology. Englewood Cliffs.

Schroer, Markus (2006): Räume – Orte – Grenzen. Auf dem Weg zu einer Soziologie des Raums, Frankfurt/M.

Schürkamp, Bettina (2003): More is more vs. Less is more. McCormick Center auf dem IIT Campus, Chicago. In: Bauwelt, Heft 47/2003, S. 28-35.

Stadt Aachen, Dezernat III, Planung und Umwelt (Hg.) (2007): RWTH Campus Innenstadt. Masterplan, Freiraumentwicklung. Aachen.

Schütz, Alfred; Luckmann, Thomas (2003): Strukturen der Lebenswelt. Konstanz.

Seitter, Wolfgang (2001): Zwischen Proliferation und Klassifikation. Lernorte und Lernortkontexte in pädagogischen Feldern. In: Zeitschrift für Erziehungswissenschaft, Heft 02/2001. Wiesbaden, (S.225-238).

Simmel, Georg (2006): Der Raum und die räumliche Ordnung der Gesellschaft. In: Eigmüller, Monika/Vobruba, Georg (Hg.): Grenzsoziologie. Die politische Strukturierung des Raumes. Wiesbaden, S. 15-24.

Simonis, Georg (2006): Einleitung. In: Simonis, Georg/Walter, Thomas (Hg.): Lernort Universität. Umbruch durch Internationalisierung und Multimedia. Wiesbaden, S.17-63.

Stemshorn, Max (2007): Hochschule für Technik und Wirtschaft in Aalen. Drei Erweiterungsbauten vor der Stadt: Mahler – Günster – Fuchs. In: Bauwelt, Heft 4/2007, S. 14-21.

Streich, Bernd (2005): Stadtplanung in der Wissensgesellschaft. Wiesbaden.

Tänzler, Dirk/Knoblauch, Hubert/Soeffner, Hans-Georg (2006): Zur Kritik der Wissensgesellschaft. Konstanz.

Thomanek, Karl (2008): Zwei Campusanlagen, eine Strategie. In: Garten + Landschaft, Zeitschrift für Landschaftsarchitektur, Heft 08/2008, S. 16-17.

van Bebber, Frank (2008): Der TED im Hörsaal. In: duz Magazin, Heft 04/08. Online verfügbar unter: http://www.duz.de/docs/artikel/m_04_08ted.html (letzter Zugriff 31.10.2009).

Veauthier, Andreas (2004): Der neue Weg durch den Campus. In: Universität des Saarlandes (Hg.): campus. Die Universitätszeitschrift, Heft 10/2004. Online verfügbar unter http://www.uni-saarland.de/verwalt/presse/campus/2004/4/5-neue-wege-f.html (letzter Zugriff 31.10.2009).

Walger, Gerd (2000): Die Universität in der Wissensgesellschaft. Wittener Diskussionspapiere, Heft 61. Universität Witten-Herdecke, Fakultät für Wirtschaftswissenschaft.

Weber, Max (1976): Wirtschaft und Gesellschaft. Grundriß der Verstehenden Soziologie. Tübingen.

Weichhart, Peter (1990): Raumbezogene Identität: Bausteine zu einer Theorie räumlich-sozialer Kognition und Identifikation, Stuttgart.

Welz, Gisela (1998): Moving Targets. Feldforschung unter Mobilitätsdruck. In: Zeitschrift für Volkskunde, Münster. (S.177-194).

Werlen, Benno (2000): Sozialgeographie. Eine Einführung. Bern.

Wheeler, Bradley (2008): The University of Arizona. College of Architecture and Landscape Architecture, Tucson, Arizona. In: architektur.aktuell, Heft 7-8/2008, S. 50-57.

Wiarda, Jan-Martin (2008): Mehr Wiese! Im Wettbewerb um gute Studenten werben Ost-Unis mit der schönen Natur. In: DIE ZEIT, Heft 16/2008, S.75.

Willems, Herbert/Eichholz, Daniela (2008): Die Räumlichkeit des Sozialen und die Sozialität des Raumes: Schule zum Beispiel. In: Willems, Herbert (Hg.): Lehr(er)buch Soziologie. Für die pädagogischen und soziologischen Studiengänge (Band 2). Wiesbaden, S.865-907.

Wüstenrot Stiftung (Hg.) (2003): Jugendliche in öffentlichen Räumen der Stadt. Chancen und Restriktionen der Raumaneignung. Opladen.

Abbildungen

Abb.1: Evangelische Stadtkirche und Lyzeum am Marktplatz 1822
Stadt Karlsruhe (1998): Karlsruhe. Die Stadtgeschichte. Karlsruhe, S.216.

Abb.2: Hauptgebäude von Osten 1836
Hoepke, Klaus-Peter (2007): Geschichte der Fridericiana. Stationen in der Geschichte der Universität Karlsruhe (TH) von der Gründung 1825 bis zum Jahr 2000. Karlsruhe, S.38

Abb.3: Campusplan 1969
Hoepke, Klaus-Peter (2007): Geschichte der Fridericiana. Stationen in der Geschichte der Universität Karlsruhe (TH) von der Gründung 1825 bis zum Jahr 2000. Karlsruhe, S.174.

Abb.4: Luftbild Blick von Osten auf den Campus
Abteilung Presse, Kommunikation und Marketing, Universität Karlsruhe (TH)

Abb.5: Entwicklungslinien des Campus Karlsruhe
Eigene Darstellung

Abb.6: Das ‚Was ist wo' des Campus Karlsruhe
Eigene Darstellung

Abb.7: Entwicklung der Studierendenzahlen an der Universität Karlsruhe seit 1970
Online verfügbar unter http://www.zvw.uni-karlsruhe.de/stat/stud/allg/ver/grafik.htm (letzter Zugriff am 31.10.2009)

Abb.8: Schritte im Forschungsprozess von ‚My Campus' Karlsruhe
Eigene Darstellung

Abb.9: Campushopping eines Logschreibers (34:24)
Darstellung eines Studienteilnehmers

Abb.10: Fünf Nutzertypen des Campus Karlsruhe
Eigene Darstellung

Abb.11: Zusammenwirken der Analysekategorien Gruppenzuordnung, Typenzugehörigkeit und Grundorientierungen
Eigene Darstellung

Abb.12: Sämtliche von den Logschreibern bewertete Orte auf dem Campus
Eigene Darstellung

Abb.13: Die mentale Erweiterung des Campus durch die Studienteilnehmer
Eigene Darstellung

Abb.29: Novartis Campus in Basel

Lampugnani, Vittorio Magnago (2007): Novartis Campus, Basel: A Project for a Site of Knowledge. In: Hoeger, Kerstin/Christiaanse, Kees (Hg.): Campus and the City. Urban Design for the Knowledge Society. Zürich, S. 163. (Studio di Architettura)

Abb.30: ETH-Campus im Stadtzentrum von Zürich

Hoeger, Kerstin (2008): Campus und Stadt – eine neue urbane Realität. In: Garten + Landschaft, Zeitschrift für Landschaftsarchitektur, Heft 08/2008, S. 13.

Abb.31: Freie Universität Berlin

Hoeger, Kerstin/Christiaanse, Kees (Hg.): Campus and the City. Urban Design for the Knowledge Society. Zürich, S. 228.

Abb.32: ,Super C' in Aachen

Stadt Aachen, Dezernat III, Planung und Umwelt (Hg.) (2007): RWTH Campus Innenstadt – Masterplan, Freiraumentwicklung. Aachen, Rückseite. (Rehwaldt Landschaftsarchitekten)

Abb.33: ,Grüner Kubus' in St. Georgen

Online verfügbar unter http://www.kissler-effgen.de/index.php?nav_id=02_03_03&pro_id=3&bil_nr=2&pro_nav=1 (letzter Zugriff 31.10.2009).

Abb.34: ,Grüner Kubus' in St. Georgen

Online verfügbar unter http://www.kissler-effgen.de/index.php?nav_id=02_03_03&pro_id=3&bil_nr=3&pro_nav=1 (letzter Zugriff 31.10.2009)

Abb.35: Aachen Freiraumkonzept

Stadt Aachen, Dezernat III, Planung und Umwelt (Hg.) (2007): RWTH Campus Innenstadt – Masterplan, Freiraumentwicklung. Aachen, S. 36. (Rehwaldt Landschaftsarchitekten)

Abb.36: Universität Bremen

DASL Landesgruppe Niedersachsen-Bremen (2007): Zur Gestaltung von Verknüpfungspunkten – Fallstudie Bremen: Linie 6 der Straßenbahn („Technologielinie"). Online verfügbar unter http://daslnb.wordpress.com/category/bah (letzter Zugriff 31.10.2009).

Abb.37: ENSA in Nantes

Geipel, Kaye (2007): Offene Plattform – Projekt der Architekturfakultät ENSA in Nantes: Lacaton & Vassal. In: Bauwelt, Heft 27/2007, S. 33.

Abb.38: ENSA in Nantes

Geipel, Kaye (2007): Offene Plattform – Projekt der Architekturfakultät ENSA in Nantes: Lacaton & Vassal. In: Bauwelt, Heft 27/2007, S. 32.

Abb.39: RWTH in Aachen

Kegler, Karl R. (2008): „MO-GAM" – Haus für studentische Arbeitsplätze. In: db deutsche bauzeitung, Heft 03/08, S. 64.

Abb.40: Universität des Saarlandes in Saarbrücken

Veauthier, Andreas (2004): Der neue Weg durch den Campus. In: Universität des Saarlandes (Hg.): campus – Die Universitätszeitschrift, Ausgabe 10/2004. Online verfügbar unter http://www.uni-saarland.de/verwalt/presse/campus/2004/4/5-neue-wege-f.html (letzter Zugriff 31.10.2009).

Abb.41: IIT in Chicago

Schürkamp, Bettina (2003): More is more vs. Less is more. McCormick Center auf dem IIT Campus, Chicago. In: Bauwelt, Heft 47/2003, S. 33. (OA Rotterdam)

Die Illustrationen zu den fünf Campusnutzer-Typen wurden angefertigt von Dipl.-Ing. Rebecca Schubert, Karlsruhe.

Anhang

www.mycampus-ka.de

Liebe Studierende,

Sie haben sich dazu bereit erklärt, das Forschungsprojekt **mycampus-ka.de** zu unterstützen, bei dem es um Ihre Nutzung des Campus Karlsruhe gehen soll. Dafür erst einmal herzlichen Dank.

Um nun weiterhin methodisch korrekt vorgehen zu können, brauchen wir noch einige Angaben von Ihnen. Erst auf dieser Basis können wir entscheiden, wer vom 26. Mai bis 08. Juni 2008 in einem Tagebuch seine raum-zeitliche Campusnutzung festhalten wird.

Für das Ausfüllen des beigefügten Fragebogen benötigen Sie ca. 5 Minuten. Bitte geben Sie Ihre Antworten direkt am PC ein und senden Sie uns das Dokument wieder per E-Mail. Sie können sicher sein, dass wir alle Informationen mit absoluter Diskretion behandeln, nicht an Dritte weitergeben und unter rein wissenschaftlichen Aspekten verwenden. Aus den Ergebnissen können keine Rückschlüsse auf Ihre Person gezogen werden.

Anfang Mai erhalten Sie von uns weitere Informationen.

Bis dahin grüße ich Sie herzlich und wünsche Ihnen im Namen des gesamten Teams eine gute Zeit an der Uni

Alexa M. Kunz

Kontakt

Institut für Orts-Regional- und Landesplanung, Prof. Dipl.-Ing. Kerstin Gothe

Institut für Soziologie, Lehrstuhl Prof. Dr. Michaela Pfadenhauer

Wissensch. Mitarbeiterin: alexa.kunz@soziologie.uka.de, Tel. + 49 (0)721- 608 3539

www.mycampus-ka.de

 Universität Karlsruhe (TH)
Forschungsuniversität · gegründet 1825

Zu mir und meinem Studium

Ich bin   ☐ weiblich

☐ männlich

Jahre alt

habe   Kind/er und

studiere   1.   im   . Fachsemester auf Bachelor

2.   im   . Fachsemester auf Bachelor

3.   im   . Fachsemester auf Bachelor

Meine Staatsbürgerschaft ist

Bitte nur bei nicht-deutscher Staatsangehörigkeit ausfüllen

Ich habe meine Hochschulzugangsberechtigung (z.B. Abitur) an einer deutschen Schule erworben

☐ ja

☐ nein

Ich bin über ein Austauschprogramm an der Uni KA

☐ ja, über

☐ nein

Ich beabsichtige

☐ den überwiegenden/gesamten Teil meines Studiums an der Uni Karlsruhe zu absolvieren

☐ nur ca.   Semester an der Uni Karlsruhe zu absolvieren

Ich wohne

☐ in Karlsruhe (alle Stadtteile umfassend)

☐ ca.   Kilometer außerhalb von Karlsruhe

2

Ich wohne   *(Mehrfachantworten möglich)*

☐ alleine

☐ mit meinen Eltern zusammen

☐ bei meinen Eltern in einer eigenen Wohnung

☐ in einer WG

☐ in einem Wohnheim

☐ mit meinem/r Partner/in zusammen

☐ mit meinem/n Kind/ern zusammen

☐ in einer anderen Wohnform, nämlich

Ich übe während des Semesters eine (Neben-) Erwerbstätigkeit aus

☐ ja, mit   Stunden pro Woche

☐ nein

Bitte nur bei Ausübung einer (Neben-) Erwerbstätigkeit ausfüllen

Dabei arbeite ich

☐ an der Uni und/oder dem Forschungszentrum (z.B. als Hiwi)

☐ außerhalb der Uni

Ich engagiere mich in

☐ einer studentischen Organisation (z.B. Fachschaft, Hochschulgruppe, Theatergruppe)

☐ mehreren studentischen Organisationen

☐ keiner studentischen Organisation

Die Uni Karlsruhe habe ich ausgewählt, weil

Rund um den Campus

Zum Campus komme ich überwiegend mit

im Sommer	im Winter
☐ dem Fahrrad	☐ dem Fahrrad
☐ dem ÖPNV (Bus, Bahn etc.)	☐ dem ÖPNV (Bus, Bahn etc.)
☐ dem Auto	☐ dem Auto
☐ dem Motorrad/Roller	☐ dem Motorrad/Roller
☐ zu Fuß	☐ zu Fuß

Auf dem Campus bin ich überwiegend unterwegs mit

im Sommer	im Winter
☐ dem Fahrrad	☐ dem Fahrrad
☐ dem Auto	☐ dem Auto
☐ dem Motorrad/Roller	☐ dem Motorrad/Roller
☐ zu Fuß	☐ zu Fuß

Ich nehme außerhalb meines Stundenplans Freizeitangebote (z.B. Sport, Theater) auf dem Campus in Anspruch

☐ ja, jede Woche

☐ ja, mindestens 1 Mal im Monat

☐ ja, mindestens 1 Mal im Semester

☐ nein, nie

4

Bitte spielen Sie Ihren aktuellen Semester-Wochenplan durch

Ich bin an ca. _____ Tagen in der Woche auf dem Haupt-Campus inklusive der angrenzenden Gelände (z.B. Fasanengarten, ZAK, International Department).

Ich bin an ca. _____ Tagen in der Woche an einem Außenstandort oder einer Kooperations-Einrichtung der Universität (z.B. Westhochschule, Forschungszentrum, Musikhochschule).

Um meine Aktivitäten erledigen zu können, nutze ich in der Woche ca. _____ verschiedene Orte an der Universität.

Bitte beachten Sie dabei Folgendes:

Aktivitäten   = Lehrveranstaltungen, selbstorganisiertes Lernen, Verpflegung, Erholung, Freizeit

Orte   = Gebäude und Freiflächen, z.B. Forumswiese

Universität   = Campus und Außenstandorte

Während der Semesterferien halte ich mich an

☐ mehr als 2 Tagen in der Woche auf dem Campus auf

☐ weniger als 2 Tagen in der Woche auf dem Campus auf

Das sollten Sie noch (über mich) wissen

Nochmals herzlichen Dank für Ihre Unterstützung
Ihr Team von mycampus-ka.de

5

Logbuch (in Auszügen)

mycampus-ka.de - Inhalt & Info

Kontakt

Falls du zu irgendeinem Zeitpunkt noch Fragen haben solltest, wende dich an:

Alexa M. Kunz   Rebecca Götzmann
alexa.kunz@soziologie.uka.de   rebecca.goetzmann@arch.uni-karlsruhe.de

Tel.: +49 (0)721 608-35 39
www.mycampus-ka.de

Universität Karlsruhe (TH)
Institut ORL, Fachbereich RBL
Englerstr. 11
76131 Karlsruhe

Fundbüro
Sie haben dieses Tagebuch gefunden?
Sie sind nicht Teilnehmer/ -in dieser Studie?
Bitte lassen Sie uns das Buch umgehend an oben genannte Adresse zukommen.

Vielen Dank!

Liebe Studentin, lieber Student der Uni Karlsruhe!

Wer kennt das nicht? Die Uni-Bib ist überfüllt, der Hörsaal schlecht klimatisiert und die Mittagspause in der Mensa gleicht dem Stress auf der Autobahn. Aber es gibt auch die andere Seite: die gemütliche Kaffeeauszeit im AKK, das Forum umfunktioniert zum Sportplatz und der Schlosspark als Liegewiese. Der (erweiterte) Campus ist ein Ort, der vielseitig genutzt werden kann und an dem viel passiert.

Wie nutzt DU ihn? Und welche Erfahrungen machst DU dabei? WO kommt der Campus deinen Bedürfnissen und Studienanforderungen entgegen? WO nicht? WAS bietet dir der Campus außer Studieren?

Die Studie wird Hinweise geben, wie lange und für welche Zwecke Studierende den Campus nutzen, was sie besonders schätzen und was sie vermissen. Auf dieser Basis bietet sie die Grundlage für Handlungsempfehlungen, die sich auf die räumliche Ausstattung des Campus beziehen – sowohl auf das Innenraumangebot als auch auf Freiräume und Mobilität. Durch deine Aufzeichnungen erhalten wir die dafür notwendigen Informationen.

Das Logbuch ist in verschiedene Blöcke aufgeteilt:

1.   Wochenplan – zeigt die regelmäßigen Termine an der Uni
2.   Tagesplan – zur strukturierten Darstellung deines Tagesablaufs
3.   Illustrationsseite – Zum Hervorheben und Bebildern besonders guter und schlechter Orte
4.   Karteseite – um die Aufenthaltsorte und deren Nutzung sowie deine Wege zu markieren
5.   Gesamtbetrachtung & idealer Campus – Welche Orte auf dem Campus findest du besonders gelungen und welche nicht? Welche Bedürfnisse muss der Karlsruher Campus erfüllen, damit er deinen Anforderungen entspricht?

Die detaillierte Beschreibung zu den Blöcken findest du auf den jeweiligen Seiten.

Wir sind sicher, dass jede/r etwas ganz Eigenes zum Campus zu erzählen hat und jedes Logbuch anders gestaltet werden wird – und genau auf diese individuellen Exemplare sind wir gespannt.

In diesem Sinne bedanken wir uns recht herzlich für deine Unterstützung und wünschen dir viel Spaß beim Ausfüllen.

Bevor es richtig losgeht: Beantworte bitte folgende Fragen

Ich bin ☐ weiblich ☐ männlich

_ _ Jahre alt und studiere

1.. im ...... Fachsemester.

2.. im ...... Fachsemester.

3.. im ...... Fachsemester.

Ich wohne in _ _ _ _ _ ....
              (Postleitzahl)   (Stadt/Stadtteil/Ort)

Noch eine Kleinigkeit zur Organisation

Bei Fragen stehen wir dir natürlich jederzeit zur Verfügung. Eine "**Sprechstunde**" findet am **Dienstag, den 03. Juni um 18.00 Uhr** im Festsaal des Architekturgebäudes (Geb. 11.40), Englerstr. 11, statt.

Bitte lass uns das komplett ausgefüllte Logbuch inkl. Fotos bis spätestens **Donnerstag, den 12. Juni** zukommen. Bring uns das Buch gerne persönlich vorbei oder schicke es an die oben genannte Kontaktadresse.

Gleichzeitig kannst du uns auch die Rechnungen vom Entwickeln der Fotos mitbringen. Bitte denk daran, dass wir dir nur mit den entsprechenden Belegen die Kosten erstatten können. Selbstverständlich kannst du auch Fotos von deiner eigenen Kamera oder deinem Handy entwickeln lassen und zur Dokumentation verwenden.

Mein "offizieller" Stundenplan im
Sommersemester 2008

Bitte alle belegten Veranstaltungen eintragen,
unabhängig davon, ob du sie tatsächlich besuchst oder nicht.
Wir wollen nicht kontrollieren, sondern sehen, ob dein Stundenplan dicht gefüllt ist und wie
sich deine Veranstaltungsorte verteilen.

MC-

Zeit	Montag	Dienstag	Mittwoch	Donnerstag	Freitag	Samstag
8.00 - 9.30						
Gebäude/Raum						
9.45 - 11.15						
Gebäude/Raum						
11.30 - 13.00						
Gebäude/Raum						
14.00 - 15.30						
Gebäude/Raum						
15.45 - 17.15						
Gebäude/Raum						
17.30 - 19.00						
Gebäude/Raum						
19.15 - 20.45						
Gebäude/Raum						

4

www.mycampus-ka.de   LOGBUCH

Tag 1: Montag, der 26. Mai 2008

Bitte dokumentiere deinen gesamten Tagesablauf in klaren Stichworten. Achte darauf, dass du alle studienbezogenen Aktivitäten, alle Aktivitäten auf dem Campus sowie Erwerbstätigkeit aufführst.
Auch Wege gelten als Aktivität. Bitte trage zusätzlich die Dauer des Weges ein.

MC-

Folgende Kürzel können verwendet werden: Auto = A / Bus = B / zu Fuß = F /
Motorrad, Roller = M / Rad = R / Straßenbahn, S-Bahn = S / Zug = Z

Zeit		Aktivität	Beteiligte			Ort	Weg		Erläuterungen zu Weg und Ort
von - bis	Std.		alleine	Gruppe	Anzahl		Verkehrsmittel	Dauer	

6

Tag 1: Montag, der 26. Mai 2008   MC-

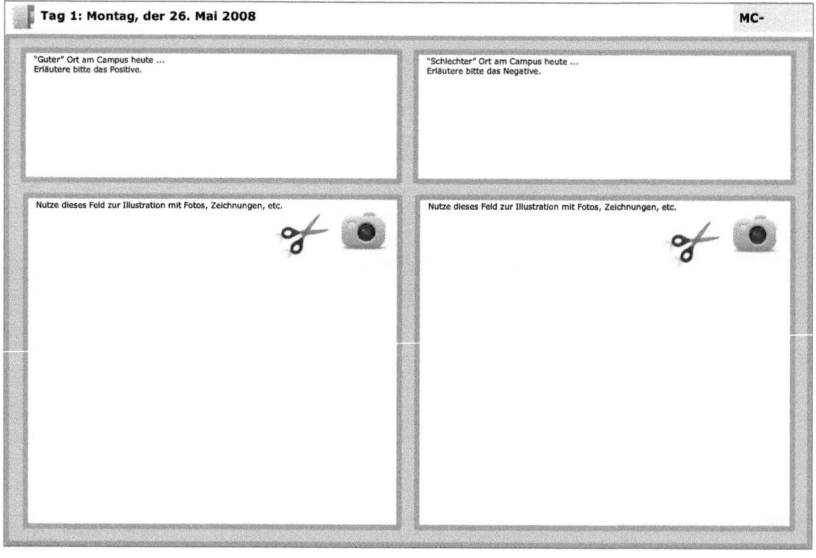

"Guter" Ort am Campus heute ...
Erläutere bitte das Positive.

"Schlechter" Ort am Campus heute ...
Erläutere bitte das Negative.

Nutze dieses Feld zur Illustration mit Fotos, Zeichnungen, etc.

Nutze dieses Feld zur Illustration mit Fotos, Zeichnungen, etc.

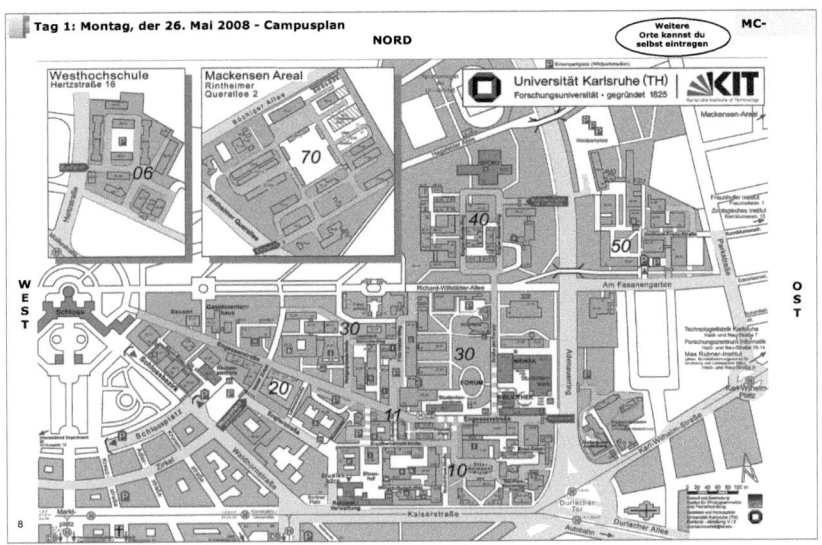

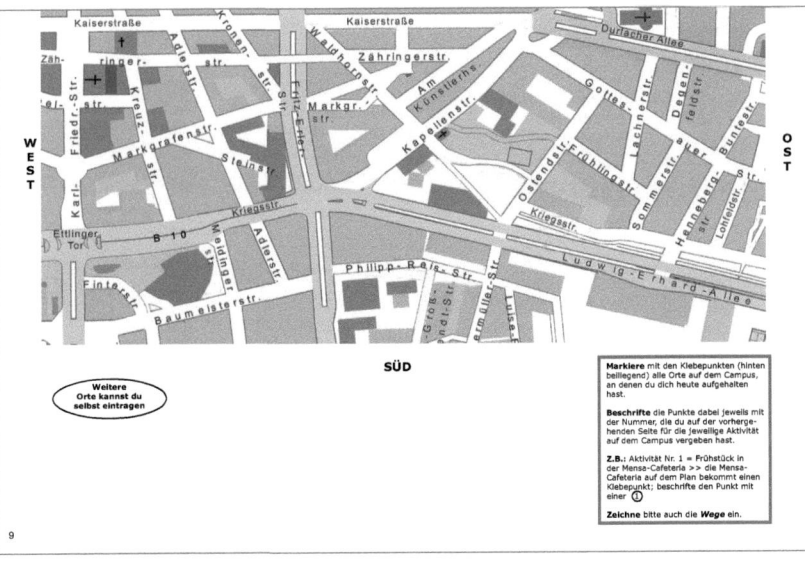

Tag 2: Dienstag, der 27. Mai 2008

Bitte dokumentiere deinen gesamten Tagesablauf in klaren Stichworten. Achte darauf, dass du alle studien-bezogenen Aktivitäten, alle Aktivitäten auf dem Campus sowie Erwerbstätigkeit aufführst. Auch Wege gelten als Aktivität. Bitte trage zusätzlich die Dauer des Weges ein.

MC-

Folgende Kürzel können verwendet werden: Auto = A / Bus = B / zu Fuß = F / Motorrad, Roller = M / Rad = R / Straßenbahn, S-Bahn = S / Zug = Z

Zeit von - bis	Nr.	Aktivität	Beteiligte alleine	Beteiligte Gruppe	Beteiligte Anzahl	Ort	Weg Verkehrsmittel	Weg Dauer	Erläuterungen zu Weg und Ort

10

Tag 2: Dienstag, der 27. Mai 2008   MC-

"Guter" Ort am Campus heute ...
Erläutere bitte das Positive.

"Schlechter" Ort am Campus heute ...
Erläutere bitte das Negative.

Nutze dieses Feld zur Illustration mit Fotos, Zeichnungen, etc.

Nutze dieses Feld zur Illustration mit Fotos, Zeichnungen, etc.

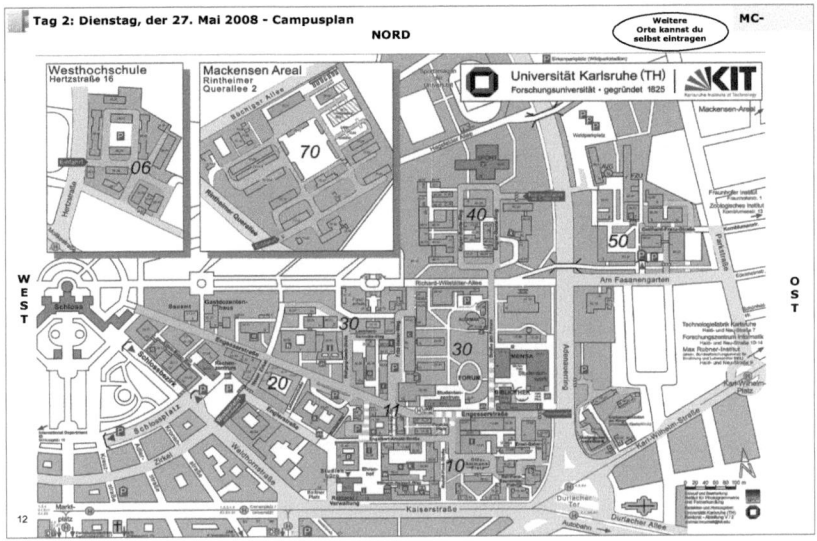

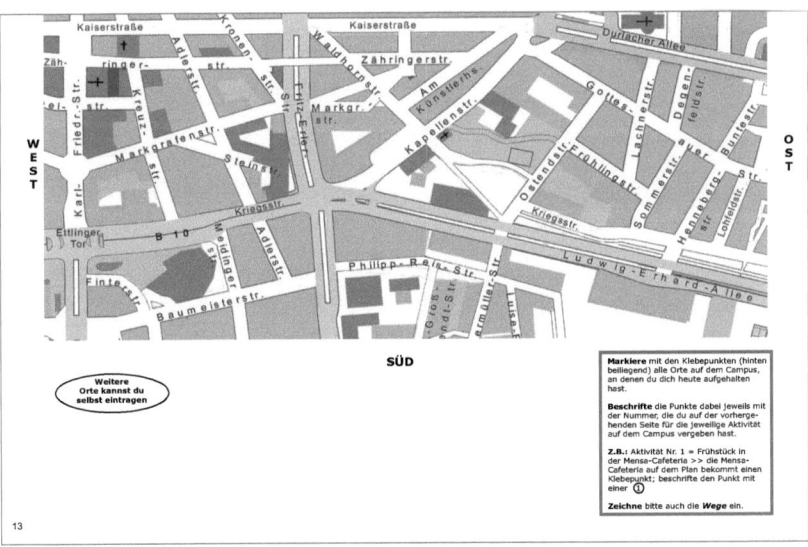

Gesamtbetrachtung MC-

Gibt es Orte auf dem Campus, die du (tunlichst) *meidest*? Welche? Warum?

Gibt es Orte auf dem Campus, die du *vorbildlich* findest? Welche? Warum?

34

Gesamtbetrachtung MC-

Welche und wie viele deiner studienbezogenen Tätigkeiten (Lernen, Arbeiten schreiben, Präsentationen vorbereiten, Übungsblätter lösen etc.) erledigst du *nicht* auf dem Campus? Warum?

Der optimale Campus Karlsruhe bietet dir ...
(hier sind deine Anregungen, Vorschläge, Ideen, Visionen etc. gefragt)

Fortsetzung der Tagesseiten bis Sonntag, 1. Juni 2008

Stadtplan Karlsruhe   MC-

Notizen

Du bist nun am Ende des Logbuchs angelangt.
Vielen Dank für dein Engagement!

Anbei findest du noch einen Stadtplan.

Bitte markiere mit den Klebepunkten (ebenfalls beiliegend) auf
dem Plan deine **typischen** Aufenthaltsorte.
Es geht hier nicht um zeitlich genau bestimmte Angaben,
sondern um die Orte, die du typischerweise aufsuchst -
unabhängig davon, ob du in den letzten beiden Wochen dort
warst.

Bitte markiere auf jeden Fall und vergebe folgende Nummern:

1 - wo du wohnst
2 - wo du arbeitest
3 - wo du studierst und wo du sonst noch lernst
4 - wo du einkaufst
5 - wo du deine Freizeit verbringst

Wo du andere Dinge unternimmst / erledigst, die wir noch
wissen sollten, nummeriere einfach fortlaufend weiter und
vermerke nebenstehend, was du an diesen Orten tust.

Wege spielen hier keine Rolle.

Danke

64